Topos plus **Taschenbücher**
Band 554

Romano Guardini

Über das Wesen des Kunstwerks

Topos plus Taschenbücher

Topos plus **Verlagsgemeinschaft**

Die Mitglieder der Verlagsgruppe Engagement:
Butzon & Bercker -Kevelaer | Don Bosco -München
Echter -Würzburg | Verlag Katholisches Bibelwerk -Stuttgart
Lahn-Verlag -Limburg Kevelaer | Matthias-Grünewald-Verlag -Mainz
Paulusverlag -Freiburg Schweiz | Friedrich Pustet -Regensburg
Tyrolia -Innsbruck Wien

e verlags gruppe engagement

Bibliografische Information Der Deutschen Bibliothek
Die Deutsche Bibliothek verzeichnet diese Publikation in der Deutschen Nationalbibliografie; detaillierte bibliografische Daten sind im Internet über http://dnb.ddb.de abrufbar.

Einband- und Reihengestaltung:
Akut Werbung GmbH, Dortmund
Herstellung: Pustet, Regensburg
Printed in Germany

Topos plus – Bestellnummer: 3-7867-8554-6
www.topos plus.de

Inhalt

Über das Wesen des Kunstwerks
[1947]

Vorbemerkung

Der hier veröffentlichte Vortrag wurde in der Stuttgarter Akademie der bildenden Künste gehalten. Sein Gegenstand ist so groß, daß der Verfasser sich bei der letzten Bearbeitung immer wieder gedrängt fühlte, die einzelnen Gedanken weiter zu entwickeln. Das hätte aber zu einem Buch geführt; so wurden nur, um den Blick auf das Ganze des Kunstwerks zu erweitern, zwei kurze Abschnitte, der dritte und der sechste, hinzugefügt und außerdem einiges, das zu sehr den Charakter der Andeutung hatte, klarer herausgestellt.

Im übrigen ist der Vortrag so geblieben, wie er gehalten worden ist.

Tübingen, im August 1947

Die Frage

Der Titel des Vortrags könnte Verdacht erwecken, denn es ist doch offenbar unmöglich, in so kurzer Zeit ein so vielschichtiges Gebilde wie das Kunstwerk zu untersuchen. So soll gleich zu Anfang ausgemacht sein, daß es sich vor allem um den Ausdruck einer Frage handelt, die jedem kommt, wenn er eine Weile mit Kunstwerken umgegangen, und die ihm immer wieder aufs neue kommt, auch wenn er schon lange mit ihnen vertraut geworden ist – der Frage nämlich, was dieses seltsame Ding sei, das so unwirklich ist und doch so wirksam; so herausgenommen aus dem gewöhnlichen Dasein und doch so tief das Innerste berührt; so überflüssig vor allen praktischen Maßstäben und doch so unentbehrlich jedem, in dessen Leben es einmal eingegangen ist? Was aber die Antwort angeht, so kann es sich nur um den Entwurf einer solchen handeln – und damit wollen wir ohne weitere Einleitungen mit der Sache beginnen.

Begegnung und Gestaltung

Ein künstlerisch – sagen wir genauer: ein malerisch Begabter begegnet einem Gegenstand der äußeren Wirklichkeit: einem Baum, einem Tier, einer Menschengestalt. Er fühlt sich berührt – berührt durch die besondere Eigenschaft seiner Linien, Farben und Bewegungen, nicht nur etwas zu sein, sondern auch etwas zu sagen; durch die Fähigkeit der Form, Wesen zu offenbaren. Sein Inneres kommt in eine eigentümliche Bewegung. Es wird offen und empfänglich; zugleich aber auch wach, gespannt und tatbereit. Der Zustand kann verschiedene Grade der Mächtigkeit haben, von der flüchtigen Schwingung bis zum leidenschaftlichen Erfaßt- und Beherrschtsein: immer eignet ihm die doppelte Eigenschaft der Empfänglichkeit und Tätigkeit zugleich. Es ist das, was Goethe meint, wenn er den Künstler mahnt, er solle „ein Organ aus sich machen“: ein Organ für die Wesenheit der Dinge und Geschehnisse, wie sie sich in deren Form ausdrücken.

In diesem Zustande greift der Künstler nach dem, was da draußen ist. Nicht um es, wie ein Techniker, in den Dienst eines praktischen Zweckes zu stellen, sondern um es neu hervorzubringen.

Wie aber das? Indem er es nachformt; mit dem Material, auf das sich seine Begabung bezieht – in unserem Falle also Malfläche und Farben – ein Gebilde hervorbringt, das dem Gegenstande draußen ähnlich sieht. „Ähnlich“ freilich innerhalb der Grenzen, welche durch die Natur besagten Materials gesteckt sind; so bietet z.B. die Leinwand der Gestaltung nur eine Fläche dar, während der wirkliche Baum als Körper im Raum steht. Ähnlich weiter innerhalb des besonderen Stilwillens, der die Zeit bestimmt; so sieht z.B. ein

Maler der Renaissance den Gegenstand anders als einer der heutigen abstrakten Kunst. In diesem Tun liegt ein Triumph des Künstlers über die Natur; er wird schöpferisch. Wohl soll „Welt" sein, aber als sein Werk. Dieses Schöpfertum ist aber nicht willkürlich, sondern steht unter einem Auftrag: es dient dem Dasein. Das erste ist leicht zu verstehen; nicht so das zweite. Inwiefern kann das Schaffen des Künstlers dem Dasein dienen?

Wir sagten bereits, die Formen des Dinges – und mit „Form" ist alles gemeint, was sinnhaft aufgefaßt werden kann: Linie und Fläche, Bau und Funktion, Gebärde und Handlung – drücken das Wesen des Gegenstandes, das Bedeutungsvolle, Eigentliche, Gültige an ihm aus. Im Ding ist dieser Ausdruck noch unbestimmt und unvollkommen; der Künstler aber fühlt sich getrieben, ihn weiterzuführen. Er sieht das Wesen aus den Formen herandrängen und stellt sich ihm zur Verfügung, damit es sich voller offenbaren könne. Nicht, wie ein Wissenschaftler, durch Begriffe und Theorien, sondern sinnenhaft, im Kontakt mit dem, was er sieht, hört, greift. Von den Formen geführt und sie beherrschend zugleich, bildet er sie durch, vereinfacht sie, verdichtet sie, ordnet sie – und was alles noch geschehen mag, um ihre Ausdruckskraft zu erhöhen und das Eigentliche deutlich werden zu lassen.[1]

Indem der Maler das Wesen des Dinges erfaßt, erfaßt er aber auch sich selbst. Ebenfalls nicht theoretisch, so etwa,

[1] Es ist das, was die Alten die „Mimesis" nennen; die „Nachahmung der Natur". Der Ausdruck ist nicht sehr glücklich; man denkt unwillkürlich an Realismus und Verismus. Vielleicht muß er aber tiefer gefaßt werden; etwa – wie das Wort selbst nahelegt – von dem Verhältnis her, in welchem der Schauspieler zur Gestalt steht, die der Dichter geschaffen hat. Dann meint er jenen Akt, in welchem der Künstler seine formenschauende und -bildende Kraft, sein lebendiges gestaltendes Sein dem Wesen zur Verfügung stellt und es verkörpert. So wie es die Natur im Ding selbst tut; aber besser als die Natur – um soviel besser, als der Mensch kraft seines Geistes über der Natur steht.

wie ein Psychologe das eigene Innere untersucht, sondern unmittelbar lebend. Indem er die Wesensberührung des Dinges empfindet, erwacht etwas in seinem eigenen Wesen.

Das wird an der Literatur deutlicher. Denken wir etwa an Mörikes Gedicht „Die schöne Buche“: wie der Dichter da vor dem edlen Baum die Möglichkeiten klarer, lebenerfüllter Form empfindet, die in ihm selbst liegen, aber durch die etwas wehleidige Bürgerlichkeit seiner täglichen Erscheinung verdeckt werden. Das bedeutet ja überhaupt „Begegnung“ im Unterschied zum bloßen „Darangeraten“: Wir sehen ein Ding, empfinden seine Eigenart, seine Größe, seine Schönheit, seine Not – und sofort, wie ein lebendiges Echo, antwortet darauf etwas in uns selbst, wird wach, erhebt sich, entfaltet sich. Kann man doch den Menschen geradezu jenes Wesen nennen, das fähig ist, mit seinem inneren Sein auf die Dinge der Welt zu antworten und ebendarin sich selbst zu verwirklichen. Je bedeutender der Mensch ist, desto stärker, reicher, tiefer, feiner seine Fähigkeit, zu begegnen, zu antworten und darin „zu sich selbst zu kommen“ ... Beim Künstler hat nun dieser Vorgang des Antwortens eine besondere Kraft. Wir haben gesehen, daß er das Ding nicht einfach so erfaßt, wie es vor ihm steht, sondern aus seiner Erscheinung das Wesen herausschaut; ebenso tritt in der Begegnung auch sein eigenes Wesen hervor; etwas von dem, was er nicht bloß alltäglich, sondern zuinnerst ist. Das hat nichts mit Selbst-Bespiegelung zu tun – nicht notwendig, soviel Eitelkeit im einzelnen mitsprechen mag – sondern ist genauso ein Erwachen des Sinnkerns wie beim Ding, nur aber des eigenen. Darum wäre es auch falsch, hier von Subjektivismus zu reden – wiederum grundsätzlich gesehen, so viel unverbindliches Sich- Ausleben dabei sein mag – sondern es handelt sich um das, was der betreffende Mensch eigentlich, von Schöpfung und Berufung her, ist und also auch im Gang seiner Selbstverwirklichung werden soll.

Sowohl das Wesen des Dinges wie auch das des Künstlers selbst geht lebendig in eines zusammen und drängt in den

Ausdruck. Das Sich-fühlen des Künstlers strömt in die Weise ein, wie er das Ding schaut; die Sinngestalt des Dinges erhebt sich aus der Erregung des Selbsterlebnisses; und beides so, daß es Form wird, Werk.

Wodurch der Antrieb zum Werk ausgelöst wird, ist in verschiedenen Zeiten und bei verschiedenen Persönlichkeiten jeweils etwas anderes. Das Interesse mancher Künstler geht auf das Substantielle des Gegenstandes, auf die Gestalten in ihren Verhältnissen und Mächtigkeiten, so meistens in der Antike; das anderer auf die Atmosphäre zwischen den Gestalten, das Licht, die Stimmung, wie etwa bei den Impressionisten. Manche Künstler suchen die Konstruktion des Gegenstandes, die Architektur der Gruppe oder des Vorgangs, so ein Andrea del Sarto; andere die strömenden Kräfte, den Fluß der Bewegungen, das Dynamische des Geschehens – denken wir an die Fresken Michelangelos. Die hohe ägyptische Kunst wollte das Typische darstellen, den gleichbleibenden Grund in der Mannigfaltigkeit der Welt; mit welcher Größe hat sie z.B. die Gestalt des Herrschers herausgearbeitet! Andere, neuzeitliche Künstler werden vom Charakteristischen, Individuellen, Einmaligen gefesselt – nennen wir gleich den größten, Rembrandt. Bis an den ersten Weltkrieg geht die Kunst von dem aus, was in der Natur gegeben ist, um es auf Ausdruck und Wesensdurchsichtigkeit hin durchzuarbeiten. Dann beginnt etwas Neues: die Künstler suchen nach den Elementarformen, welche den Naturgestalten zugrunde liegen, um durch sie das Elementare des Lebens auszudrücken, und es entsteht, was wir die abstrakte Kunst nennen.

Verschieden ist auch der Vorgang des Betroffenwerdens, des Suchens und Arbeitens selbst. Wir berühren damit eines der interessantesten Kapitel der Psychologie und Biographie: die Geschichte des einzelnen Kunstwerks im Künstler und, mit ihr eins, die Geschichte, die er selbst an seinem Schaffen erfährt. So gibt es Künstler, bei denen der Eindruck sich unmittelbar ins Werk umsetzt. Die genialen Zeichnungen Daumiers etwa scheinen unmittelbar aus der

Begegnung hervorzuspringen. Andere Künstler erfahren die Berührung, und dann setzt ein langer Prozeß ein. Die Gestalt wächst heran, formt sich von einer Phase zur anderen um, zieht Elemente, die aus anderen Erlebnissen stammen, in sich herein, führt Motive aus früheren Werken fort; ein langsames Werden und Ringen, das sich in immer wieder verworfenen Versuchen ausdrückt, bis schließlich das Eigentliche zustande kommt. So geht es bei einem Hans von Marées ... Auch hier ist die Mannigfaltigkeit groß. Was dem einen hilft, stört den anderen. Jeder hat seine Art, eigentümlich bis in die kleinen Techniken, mit denen er sich anregt, ob das nun der Kaffee ist, der einem Balzac bei seinem unbegreiflich reichen Schaffen half, oder die selbstmörderische Gewohnheit eines Hugo Wolf, der abends vor dem Schlafengehen ein Gedicht las und es morgens als Lied im Geiste hatte. So wäre noch vieles zu sagen.

Die Bilder

Was bisher dargelegt worden ist, war unmittelbar am Kunstwerk selbst zu sehen – wenn man auch dazu, wie bei allem, was dasteht, Augen haben muß, die sehen können und wollen. Dann gibt es aber noch andere Elemente, die sich nicht so offen darstellen, doch deswegen nicht weniger wirkmächtig sind. Dazu gehört, was wir „die Bilder" nennen wollen. Genauer müßte es heißen: die Ur-Elemente der Bilderwelt oder die Elementarbilder – lassen wir es aber bei dem einfacheren Wort.

Jede Gestalt hat zunächst einen unmittelbaren Sinn. Nehmen wir die des Fadens. Man kann ihn unmittelbar praktisch verwenden, z.B. ihn von einem Punkt zum anderen spannen oder mit ihm ein Ding an das andere binden. Man kann ihn wissenschaftlich untersuchen und die Gesetze verstehen, welche sein Verhalten bestimmen, z.B. die der Elastizität. Man kann seine wirtschaftliche Bedeutung ins Auge fassen, etwa unter dem Gesichtspunkt der Textilproduktion, und dergleichen mehr. Seine Gestalt enthält aber noch eine tiefere Schicht; sie zeigt sich, wenn ich vom „Lebensfaden" spreche. Diese Redeweise bildet einen Überrest aus einem umfassenderen Zusammenhang, nämlich dem Mythos der Nornen. Er sieht das Leben unter dem Bild eines Fadens, den die Schicksalsfrauen anspinnen, fortführen und endlich durchschneiden. Dadurch erscheint das Leben als etwas, das von unbekannten Mächten begonnen und fortgesetzt wird; von dem man immer nur sieht, was ist, und nicht, was kommt; das glatt sein, aber auch Knoten haben und sich verwirren kann; das schwach ist, von der Zerreißung bedroht, und doch viele Anspannungen aushält; das schließlich von den gleichen Mächten, die es begonnen haben, auch zum Ende gebracht wird. Durch dieses Bild wird das Dasein gedeutet. Dessen unübersehbare Ausbreitung und Verwobenheit zieht sich in eine umgrenzte Gestalt zusammen und gibt sich so dem Menschen gleichsam in die Hand. Seine Dunkelheit lichtet sich auf ein klares Sinnelement hin, das einfach und doch nach allen Seiten hin bedeutungsvoll ist. Was es auffaßt, sind nicht wissenschaftliche Begriffe, sondern das lebendige Gefühl; so wird daran für jeden, dessen Gefühl wach ist, das Dasein offen. Er hat ein Mittel in der Hand, um sich zurechtzufinden; nicht praktisch handelnd, wie in der Technik oder Wissenschaft, sondern geistig, auf Sinn und Richtung hin. Er gewinnt etwas von dem, was „Weisheit" heißt.

Dieses Bild kann in einen Mythos aufgenommen werden, zum Beispiel in den soeben genannten von den Nornen, die an der Quelle Urd, am Ursprung des Werdens, sitzen und die Schicksalsfäden der Menschen spinnen. Es deckt sich nicht mit dem Mythos, sondern ist vor diesem da, angelegt im Wesen der Dinge und in der Tiefe des Gemütes. Der Mythos aber entfaltet es aus den besonderen Voraussetzungen eines Volkes heraus und gibt ihm so Klarheit und Macht. Weil das Bild aber ein Urelement des Daseins ist, übersteht es den Zerfall des mythischen Denkens und bleibt, wenn auch verhüllter, verworrener, schwächer, weiterhin im Leben wirksam. So kann der Glaube an die Spinnerinnen des Schicksals zerfallen; das Bild des Fadens hingegen ist unzerstörbar und für das Selbstverständnis des Daseins nicht zu entbehren.

Von solchen Bildern gibt es noch andere. Etwa das der Waagrechten, des Horizonts, der Zone zwischen dem Unbetretbaren droben und drunten; jenes Bereiches also, der dem Menschen zugewiesen ist. Oder das der Halbkugel, des Himmelsgewölbes, der umgreifenden, von Gestirnmächten geordneten Unermeßlichkeit über uns und, umgekehrt, der sich öffnenden Höhlung der Hände, die sich hinhalten und empfangen. Oder das Bild des Weges, der macht, daß gegangen werden kann; daß es Aufbruch und Ankunft gibt, dazwischen aber die Gefahren der Irre drohen.

Der Bereich, in welchem die Bilder zuerst verbindlich auftauchen, scheint jener der Vision zu sein; ihre erste Form der Seherspruch; ihre erste Umgebung Kult und Mythos. Die Kraft der Vision verschwindet dann allmählich; an ihre Stelle tritt die religiöse Phantasie. Der Seherspruch verdünnt sich zu Lebenslehre und Sprichwort. Der Kult verliert seine objektive Macht und wird zur Erbauung. Der Mythos löst sich auf und geht in Sage, Märchen und Volksbrauch über. Das Bild aber, als Gestalt einer Weisheit, die durch sich selbst redet, bleibt, auch wenn es von der rationalistischen Denkweise entwertet wird. So zeigt denn auch die Psychologie, daß die Bilder in der Tiefe des Unbewußten leben. Von dort aus wirken sie beständig in das Bewußtsein herauf. Sie beeinflussen das unwillkürliche Denken und den schöpferischen Einfall. Sie führen das Verstehen und bilden einen guten Teil dessen, was Lebensgewissen heißt und die Stellungnahme zu Dingen und Geschehnissen lenkt.

So ist das menschliche Dasein überall von solchen Bildern durchwirkt. Das ist uns neuzeitlichen Menschen nicht mehr bewußt; manchmal schimmert aber doch etwas von der alten Bedeutung durch: etwa wenn ein Mensch dem anderen einen Ring gibt oder wenn er ihn in einem erlebnisgesättigten Augenblick auffordert, eine Strecke Weges mit ihm zu gehen. Dann fühlen die beiden eine Bedeutung, die nicht aus dem vordergründigen Sinn des Vorgangs, sondern von tiefer her stammt.

Unmittelbarer erscheinen die Bilder im Leben des Kindes. Dieses liebt die Zeremonie. Es vollzieht Handlungen mit einem Ernst, den der Erwachsene zunächst gar nicht versteht. Im Spiel des Kindes scheinen die Bilder höher heraufsteigen und sich freier entfalten zu können als im Leben der Erwachsenen ... Doch fehlen sie auch hier nicht ganz. Sie werden überall da wirksam, wo es noch Ritus und Zeremoniell gibt. Also vor allem im kirchlichen Kult, in der Liturgie. Diese ruht auf drei Elementen: dem Wort, dem Ding und der Handlung. Im liturgischen Ding – etwa der Stufe, der Kerze, dem Linnen – und im liturgischen Tun – dem Gehen, Stehen, Knien, den verschiedenen Gebärden der Hand, der Huldigung oder Darreichung – erscheinen die Bilder und tragen zu der reinigenden, lösenden, erleuchtenden Wirkung bei, welche von der Liturgie ausgeht.

Diese Bilder sind auch für die Kunst bedeutungsvoll. Der Zustand, in welchem sich der schaffende Künstler befindet, ist jenem des Kindes und wieder des Sehers verwandt. Er wird nicht vom kritischen Verstand und vom zwecksetzenden Willen regiert, welche beide das Leben spannen und ausrichten, sondern in ihm ist das Leben erregt und zugleich gelockert, wach und zugleich durchlässig, nach dem Ding hinaus und nach dem eigenen Innern hinein offen und zugleich in jener eigentümlichen Wachsamkeit, die den schöpferischen Vorgang umhegt, ohne ihm Gewalt anzutun. In diesem Zustand können auch die Bilder auftauchen; nicht mit Bewußtsein erdacht und gewollt, sondern eingewoben in das, was sich da gerade gestaltet.

Sie geben den entstehenden Gebilden eine besondere Bedeutung. Etwa wenn auf dem Bild einer offenen Landschaft hoher Himmel und flaches Land aneinandergrenzen, dazwischen die waagerechte Linie des Horizonts erscheint und der schmale Bereich des Menschen fühlbar wird, eingegrenzt von den Unbetretbarkeiten der Höhe und der Tiefe.

Oder wenn durch die Waagrechte von Meer und Küste die Senkrechte einer dastehenden Menschengestalt schneidet, aufrecht, still, mutig, entschlossen zur Tat, bereit für das Schicksal, die Linie des „Ich". So dringen durch die erste Gestalt Ur-Elemente vor und machen das Ungeheure in der Welt draußen und in der Tiefe drinnen fühlbar.

Unser Bewußtsein weiß das nicht, wohl aber unser Unbewußtes, in welchem die Urzeit noch lebendig ist. Das Kunstwerk nun rührt dorthin und bringt das Bild zum Vibrieren. Dadurch bekommt die künstlerische Darstellung ein Gewicht, das über ihren vordergründigen Sinn weit hinausgeht. Wenn etwa eine Dichtung den Lebensgang eines Menschen schildert, klingt hinter der Erzählung dieses Menschenschicksals die alte, daseinsdeutende, chaosbezwingende Kunde des Wegsymbols herauf. Das bewußte Ohr hört nur jene, ist erleuchtet, erhoben, erfreut; das Unbewußte aber vernimmt die Urweisheit und fühlt sich im nie aufhörenden Kampf gegen das Chaos gestärkt. Ja selbst rein formale Elemente, wie etwa der Kreis als Kompositionsform eines Gemäldes oder die rhythmische Wiederkehr als Gliederung eines Liedes, tragen jene Urgestalten in sich, und aus ihnen kommt ein gut Teil der Macht, welche die betreffenden Werke auf unser Gemüt ausüben.

Das Ganze des Daseins

Ein echtes Kunstwerk ist nicht, wie jede unmittelbar wahrgenommene Erscheinung, ein bloßer Ausschnitt aus dem, was es gibt, sondern ein Ganzes. Der Stuhl da vor mir etwa befindet sich in einem nach allen Seiten weitergehenden Zusammenhang. Sobald ich ihn mit dem photographischen Apparat aufnehme, kommt der Ausschnitt-Charakter scharf zur Anschauung. Wenn aber Vincent van Gogh ihn sieht, dann setzt schon im ersten Sehen ein eigentümlicher Vorgang ein: der Stuhl wird zur Mitte, um die sich alles übrige im Raume sammelt; zugleich formt er sich so, daß seine

Teile sich um eine Mitte in seinem eigenen Bestand ordnen. Dadurch erscheint das, was sich auf dem Bilde zeigt, als ein Ganzes.

Diese Formung kann im einzelnen sehr verschiedenen Charakter haben. Die Komposition kann durchsichtig wie eine geometrische Figur oder, scheinbar, ganz zufällig sein. Sie kann mehr in den Massen der auf dem Bilde sich zeigenden Körper oder aber in der Atmosphäre, mehr in den dargestellten Bewegungen oder in der Stimmung liegen. Immer handelt es sich um jenen Vorgang, durch welchen die Erscheinungen, die sonst in den allgemeinen Zusammenhang der Wirklichkeit eingewoben sind, sich zu einer lebenerfüllten Einheit zusammenschließen.

Daran wird etwas fühlbar, das weit jenseits des dargestellten Gegenstandes liegt, nämlich das Ganze des Daseins überhaupt. Dieses Ganze bekomme ich nie unmittelbar vor die Augen. Ich selbst bin ja doch nur ein winziger Teil eines unabsehlichen Zusammenhangs; jeder Gegenstand, auf den ich treffe, desgleichen; und mein Leben ist immer nur eine Beziehung von Fragment zu Fragment. Hier aber, im Vorgang der künstlerischen Formung, geschieht etwas Eigentümliches: jene Einheit, welche aus dem Ding, das da erfaßt wird, und dem Menschen, der es erfaßt, hervorgeht, hat eine aufrufende Macht. Um sie her wird das Ganze des Daseins gegenwärtig: das All der Dinge, die Natur, und das All des Menschenlebens, die Geschichte, beides lebendig in Einem.

Nicht so, wie es die Programmatiker, also schlechte Künstler versuchen, indem sie Gesamtüberblicke, Enzyklopädien des Daseins geben, sondern durch die Weise, wie die Einzelerscheinung im Formungsvorgang verwandelt wird. Es geschieht durch das Wie, nicht durch das Was des Werkes. Einem Riesenbild, auf welchem Jahreszeiten und Lebensalter, Ackerbau und Industrie, Geschichtsepochen und leitende Persönlichkeiten dargestellt wären, fehlt diese Kraft der Vergegenwärtigung; der Stuhl van Goghs auf dem ärmlichen Ziegelboden hat sie. Um ihn klingt der Ton des Alls.

So entsteht in jedem Kunstwerk „Welt“. Sie hat in den verschiedenen Künsten jeweils einen anderen Charakter; ihrem letzten Wesen nach ist sie aber in allen Künsten – gegenüber den übrigen Weisen der Weltwerdung, der Wissenschaft, der Staatskunst, der Menschenbildung – die gleiche. Die musikalische Welt ist anders als die malerische und architektonische. Das Erstgegebene einer Symphonie sind Zeit und Ton, darin die musikalischen Themen und ihre Beziehung zueinander. Das eines Gemäldes sind Fläche, Linie und Farbe. Das einer Kathedrale Raum und Masse und, in ihnen sich entfaltend, der Zusammenhang, den der Architekt zwischen dem christlichen Kult und bestimmten Bauformen sieht. Diese Kunstbereiche sind voneinander tief verschieden, im Letzten wollen sie aber das gleiche: der Einheit von Welt- und Menschenwesen einen Ausdruck geben, den sie in der Wirklichkeit nicht hat, und an ihm die Ganzheit des Daseins anklingen lassen.

Zweck und Sinn

Zum Wesen des Kunstwerks gehört, daß es wohl einen Sinn hat, aber keinen Zweck. Es ist weder um eines technischen Nutzens, noch eines ökonomischen Vorteils, noch einer didaktisch-pädagogischen Unterweisung und Besserung, sondern um der offenbarenden Gestaltung willen da. Es „beabsichtigt“ nichts, sondern „bedeutet“; es „will“ nichts, sondern „ist“.

Natürlich dient das konkrete Werk oft genug auch Zwecken. Bauten zum Beispiel sind dafür da, daß in ihnen Menschen wohnen oder Handlungen des öffentlichen Lebens vor sich gehen oder religiöse Vorgänge vollzogen werden. Dichtwerke sind mit dem Kult oder mit gesellschaftlichen Beziehungen verbunden. Denkmäler sollen an Gewesenes erinnern – ursprünglich das Weiterleben der Toten gewährleisten – und so fort bis zu den verschiedenen Formen der angewandten Kunst, die ja überall ins Nutzgewerbe übergehen. Das alles liegt auf der Hand. Allein ein Bau erfüllt die praktischen Forderungen des Wohnbedürfnisses, auch wenn er nicht schön ist, und ein Denkmal erinnert an den verstorbenen Fürsten, auch wenn es keine künstlerischen Qualitäten hat.

Nun könnte man erwidern, zu den Forderungen des Wohnens gehöre auch jenes Umfangen- und Durchwirktwerden, das nur von gut geformten Räumen und überzeugenden Gesamtanlagen ausgeht – ebenso wie der Tote durch das Denkmal geehrt, erhoben, ins Große gestellt werden solle, was aber nur geschieht, wenn das Werk schön ist. Mit solchen Forderungen stehe man aber bereits im Raum der eigentlichen Kunst, und so sei deren Zweckbestimmung offenbar ... In Wahrheit handelt es sich hier um Sinn-Überschneidungen, wie sie sich auch sonst, z.B. bei der Wissenschaft, finden. Wissenschaft ist methodisch vollzogene Erkenntnis, die an sich keine außerhalb ihrer selbst liegenden Zwecke hat, sondern nur um der Wahrheit willen gesucht wird. Wohl braucht man sie auch, um mit ihrer Hilfe etwas zu erreichen: so ruht die ganze Technik auf angewandter Erkenntnis. Trotzdem: sobald man einmal verstanden hat, was Wahrheit ist, weiß man, daß sie ihren wesentlichen Sinn nur in sich selbst hat ... Ähnlich steht es mit der Kunst. Im konkreten Werk können sich die Gesichtspunkte der Gestaltung mit den verschiedensten Absichten praktischen Nutzens verbinden: eine reine und genaue Besinnung wird immer zeigen, daß die grundsätzliche Sinnhoheit des Kunstwerkes dadurch nicht aufgehoben wird. Im Letzten wird es geschaffen, damit es sei und offenbare.

Um so wichtiger wird aber dann die Frage, was das Kunstwerk als solches für den Menschen bedeute?

Wir haben gesehen, wie der Künstler schauend und gestaltend das Wesen des Gegenstandes zu reinerer Erscheinung bringt. In der gleichen Erscheinung macht er auch das eigene Wesen und damit Menschenwesen überhaupt offenbar. Und beides so, daß es nicht nur gleichzeitig, sondern eins im andern geschieht: im Blicken, Werten und Fühlen des erlebenden Menschen das Ding eine neue Sinnfülle gewinnt; am Ding hinwiederum der Mensch zum Bewußtsein und zur Entfaltung seiner selbst gelangt. Indem das aber geschieht, klingt am Werk das Ganze des Daseins an, und das zufällige Teilgebilde wird zum Symbol des Alls.

Da nun der Vorgang der Formung sich an wirklichem Stoff – an Farbe, Stein, Ton, Sprache – vollzieht, wird sein Ergebnis zum objektiven Werk und dauert. Indem der selbst nicht Schöpferische es auffaßt, kann er an seinem Vorgang teilhaben, aus dem es entstanden ist. Der Künstler, „zum Sehen geboren, zum Schauen bestellt", hat damit etwas vollbracht, was nicht nur ihn persönlich, sondern den Menschen überhaupt angeht. Das ist nun im Werk aufbewahrt und kann von anderen verstanden, erfahren, nachvollzogen werden.

Durch alles das hat das Kunstwerk einen anderen Charakter, als er irgendeinem Ding, und sei es noch so groß, nützlich oder kostbar, jemals eignen kann. Es ist nicht von selbst da, sondern vom Menschen gemacht, gehört also nicht zur „ersten" Welt, die von vornherein gegeben ist, der Natur, sondern zur „zweiten", die aus der Begegnung des Menschen mit der Natur hervorgeht. Unter den Gebilden dieser zweiten Welt aber, die zu schaffen ja die Aufgabe des Menschen ist, hat es eine besondere Stellung: obwohl tausendfach bedingt und begrenzt, hat es eine Geschlossenheit und Ganzheit, die es befähigt, Symbol des Daseins überhaupt, des Alls zu sein.

Jedes echte Kunstwerk, auch das kleinste, ist welthaft: ein geformter, von Sinngehalten erfüllter Raum, in den man schauend, hörend, sich bewegend eintreten kann. Dieser Raum ist anders gebaut als jener der unmittelbaren Wirklichkeit. Er ist nicht nur richtiger, schöner, tiefer, lebendiger als jener des täglichen Daseins, sondern hat eine eigene Qualität: Ding und Mensch in ihm sind offen. Im Raum des täglichen Daseins sind Ding und Mensch gebunden und verhüllt. Was von ihnen wahrgenommen werden kann, drückt ihr Wesen aus, verbirgt es aber auch. Jede Beziehung geht, durch Ferne und Fremde hindurch, aus einer Verschlossenheit in die andere. Der wesenschauende und -darstellende Akt des Künstlers hat das Wesen zu vollerem Ausdruck gebracht. Das Innere ist nun auch „außen", ist Erscheinung und kann angeschaut, das Äußere ist nun auch „innen", ist gefühlt und erlebt und kann ins eigene Erleben aufgenommen werden. Durch eben diesen Vorgang aber ist die Einheit mächtig, das Ganze gegenwärtig und fühlbar geworden.

Nun ist die Getrenntheit überwunden. Im Raum des Werkes sind die Dinge untereinander und ist der Mensch ihnen allen in einer Weise nahe, wie das in der unmittelbaren Welt nicht der Fall ist. So kann der Betrachter, indem er in diese Welt eintritt und sie mitvollzieht, selbst im Ganzen leben.

Was daher beim Auffassen des Kunstwerks gefordert wird, ist nicht nur ein Sehen oder Hören, wie bei den Gegenständen der Umgebung sonst; gar ein Genießen und Sich-Vergnügen, wie bei irgendeiner Erfreulichkeit. Das Kunstwerk öffnet vielmehr einen Raum, in welchen der Mensch eintreten, in dem er atmen, sich bewegen und mit den offen gewordenen Dingen und Menschen umgehen kann. Darum muß er sich aber bemühen – und damit wird, an einem besonderen Punkt, jene Aufgabe deutlich, die für uns Heutige so dringlich ist wie kaum eine sonst, nämlich die der Kontemplation. Wir sind Aktivisten geworden und stolz darauf; in Wahrheit haben wir verlernt, still zu werden, uns zu sammeln, zu öffnen, zu schauen und die Wesenheiten in uns aufzunehmen. Darum haben auch, trotz allen Redens von Kunst, so wenige ein echtes Verhältnis zu ihr. Die meisten fühlen wohl irgend etwas Schönes; oft kennen sie Stile und Techniken; manchmal suchen sie auch nur nach stofflich Interessantem oder sinnlich Anreizendem. Das echte Verhalten vor dem Kunstwerk hat damit nichts zu tun. Es besteht darin, daß man still wird, sich sammelt, eintritt, mit wachen Sinnen und offener Seele schaut, lauscht, miterlebt. Dann geht die Welt des Werkes auf.

In ihrem Raum erfährt der Betrachtende aber auch, daß mit ihm selbst etwas geschieht. Er kommt in einen anderen Zustand. Die Verschlossenheit, welche sein Wesen umgibt, lockert sich – mehr oder weniger, je nachdem, wie tief er in das betreffende Kunstwerk eingeht, wie lebendig er es versteht, wie nahe er ihm zugeordnet ist. Er wird sich selber deutlicher; nicht theoretisch reflektierend, sondern im Sinne unmittelbarer Aufhellung. Die Schwere des eigenen undurchlebten Vorhandenseins leichtet sich. Er wird tiefer der Möglichkeit inne, selbst echt, rein, erfüllt und ausgeformt zu werden.

Das Ethische und die Schönheit

Ein kurzes Wort darüber, wie das Kunstwerk zum Sittlichen steht.

Die antike Ästhetik hat gesagt, durch die Tragödie erfahre der Zuschauer eine „Katharsis", eine Reinigung. Indem er die Darstellung des tragischen Schicksals miterlebe, werde sein eigenes Inneres erschüttert und geläutert, und er könne in einem gewissen Sinne neu zu leben beginnen. Was Aristoteles vom Drama großen Stils gesagt hat, gilt, je nach Art und Maß, von jedem echten Werk, und darin wurzelt die ethische Bedeutung der Kunst. Sie bringt das Innere des Schauenden in eine besondere Bewegung, reinigt, ordnet und erhellt es. Das kann auch durch den Inhalt als solchen geschehen: wenn etwas Großes, Erhebendes, Reines dargestellt wird. Doch wäre das nichts dem Kunstwerk Eigentümliches; sein Beitrag bestünde dann lediglich darin, den an sich schon sittlich wirksamen Inhalt durch die Gestaltung noch eindrucksvoller zu machen. Darüber hinaus gibt es aber eine besondere, nur dem Kunstwerk eigene Wirkung, und die wurzelt in der Tatsache der Gestaltung als solcher. Sie ist um so größer, je echter, reiner und mächtiger jener Vorgang, von welchem oben die Rede war, sich vollzogen hat.

Der Mensch ist im Werden begriffen auf jenes Bild hin, das ihm durch Anlage und Fügung zur Aufgabe gesetzt ist. Trifft er nun auf ein Werk, das zur Reife und Klarheit gediehen ist, dann wirkt es in seine innere Werdebereitschaft hinein, stärkt seinen Werdewillen und verheißt ihm Vollendung. Daraus kommt die eigentümliche Zuversicht, die das echte Kunstwerk dem Empfänglichen mitteilt und die mit gedanklicher Belehrung und Aneiferung nichts zu tun hat. Es ist ein unmittelbares Gefühl, neu anfangen zu können, und der Wille, es in rechter Weise zu tun.

Hier ist wohl auch die Stelle, etwas von dem zu sagen, das oft zu billig und meistens zu früh genannt wird, nämlich der Schönheit. Nichts Erschöpfendes natürlich; das zu versuchen wäre ebenso aussichtslos, wie sagen zu wollen, was Wahrheit ist. Ja vielleicht noch aussichtsloser, denn die Schönheit ist ein Letztes, das die Wahrheit sowohl wie das Gute voraussetzt. So müssen wir uns auf ganz weniges beschränken.

Schönheit ist keine aufgesetzte Verzierung, die hinzukommt, wenn alles andere gemacht ist, sondern wurzelt im Innern. Die mittelalterliche Philosophie hat gelehrt, sie sei „der Glanz der Wahrheit". Dadurch sollte die Schönheit nicht auf Verstandesdinge zurückgeführt, sondern gesagt werden, sie sei das Anzeichen einer inneren Fülle und Wohlgeratenheit; etwas Leuchtendes, das hervorbricht, wenn ein Seiendes so geworden ist, wie es seinem tiefsten Wesen nach sein soll. Der Gedanke ist überzeugend und gilt auch für das Kunstwerk. Allerdings muß man genauer prüfen, was man unter dem Worte „Schönheit" versteht. Meist denkt man dabei an das Anmutige, Holde, Herrliche – falls man nicht in Wahrheit nur irgendeinen sinnlichen Reiz meint. Damit hätte man aber den Begriff eingeengt. Schönheit ist etwas viel Umfassenderes. Sie erscheint dann, wenn das Wesen des Dinges und des Menschen zu klarem Ausdruck gelangen. Sobald sie rein in die Erscheinung getreten, offen und gegenwärtig geworden sind, leuchtet das Werk. Dann ist das Schwere des Erstgegebenen, des bloßen Inhalts sowohl wie des bloßen Materials, überwunden. Alles ist lebendig und leicht, alles ist „Form" – ob es sich nun um eine griechische Plastik der hohen Zeit handelt, die unmittelbar durch ihre Anmut entzückt, oder um ein Werk Grünewalds, woran nichts im gewöhnlichen Sinne „schön" ist, aber bis zur kleinsten Linie und zum letzten Farbelement alles redet.

Der neuzeitliche Realismus lehrt, es komme darauf an, die Wirklichkeit so zu erfassen, wie sie sich bietet, gleichgültig, wie alltäglich oder abstoßend sie sein möge. Im Gegensatz zu ihm und doch aus der gleichen Grundhaltung heraus sagt der Expressionismus, es gehe für den Künstler nur darum, zu offenbaren, was er erlebe, und dazu dürfe er die Erscheinungen der Umwelt benützen bis zur äußersten Vergewaltigung. Unter dem Einfluß dieser und ähnlicher Anschauungen hat man die in einem unmittelbar harmonischen Sinne „schöne" Kunst verachtet. Auch von seiten der neuen, abstrakten Kunst kann man über eine griechische Vase oder eine Raffaelsche Madonna oder ein Beethovensches Adagio geringschätzig urteilen hören. Das sind aber Moden. In Wahrheit gibt es Kunstwerke, in denen das Holde, Leichte, Freie, das Freudige, Hoheitsvolle und Herrliche in besonderer Weise hervortreten. Sie können äußerlich werden, und dann ist die Schönheit bloßer Schein. Sie können auch – und das geschieht nicht selten – auf solche äußerliche Schönheit hin mißverstanden werden. So darf man ruhig behaupten, Raffael sei, trotz der unzähligen Reproduktionen – oder gerade wegen ihrer – ein fast unbekannter Künstler. Man muß sich ihn erst entdecken und steht dann ebenso beglückt vor einer letzten Vollkommenheit, wie wenn man eine Mozartsche Symphonie hört oder eine griechische Schale der großen Zeit in der Hand hält. Diese Schönheit leugnen zu wollen, ist nicht besser als die Sentimentalität, die man bekämpft. Werke, wie die genannten, gehören zu den letzten Gipfeln, und was groß ist, soll man auch groß lassen.

Das Verhältnis zur Wirklichkeit

Zum Wesen des Kunstwerks gehört endlich, daß es mit seinem Eigentlichen nicht in der Wirklichkeit steht. Wirklich sind an ihm die Farben, die Töne, die gehört werden, die Materialien, aus denen die Bauten konstruiert sind; doch ist das alles nicht das Eigentliche. Das besteht in dem oben dargelegten Ineinander von Menschen- und Dingwesen, hervortretend in der Offenheit des Ausdrucks. Dieses Eigentliche befindet sich nicht im Bereich der Wirklichkeit, sondern in dem der Vorstellung – um freilich von dort aus ins Wirkliche, nämlich in die greifbaren Materialien vorzutreten und sich so zu objektivieren. Damit soll nicht gesagt sein, nur das Materielle sei wirklich; der Geist ist es auch, ja er ist es in noch höherem Grade als der Stoff. Ein Akt der Erkenntnis ist wirklicher als ein Kristall ein Baum; nicht aber ist wirklich sein Inhalt: das, was ich, erkennend, innerlich vor mir habe. Das ist vorgestellt, gedacht, das heißt aber, unwirklich. Ähnlich steht es mit dem Kunstwerk. Sein Eigentliches ist unwirklich, nicht weil es geistig, sondern weil es Inhalt von Vorstellung ist.

Der Parthenonfries zum Beispiel stellt den Festzug dar, welcher am Fest der Panathenäen auf die Akropolis zog, um dort im Tempel der Athene das feierliche Opfer darzubringen. Was ist an ihm wirklich? Der Stein, aus dem er gemeißelt ist, nicht aber die Gestalten an sich. Diese befinden sich nicht im gleichen Bereich und Raum wie jener, im Museum, an dem und dem Platz, der so und so beleuchtet ist, sondern sie waren einst in der Vorstellung ihres Schöpfers und sind dann jeweils in der Vorstellung des Menschen, der vor sie tritt. Auf die Frage, wo sie gewesen seien, nachdem der Künstler gestorben, und wo sie bleiben, wenn der Besucher nicht mehr an sie denkt, kann man nur antworten:

Dann sind sie selbst überhaupt nicht mehr „da“, sondern nur ihre Möglichkeit. Das klingt seltsam, ist aber so. Die vom Werk des Bildhauers gemeinten Gestalten: die Jünglinge, welche die Opferstiere führen, die Jungfrauen, die das Gewand der Göttin hinaufbringen, die Reiter auf den schönen, kraftvoll und edel sich bewegenden Pferden – sie alle leben ja doch, atmen, gehen dahin, sind voll Handlung und Schicksal, während das, was greifbar, „wirklich“ dasteht, nur Steine sind, deren Oberfläche eine bestimmte Modellierung erfahren hat. Diese sind immer da; auch ein Tier, das des Weges läuft, stößt wider sie. Die Gestalten aber erheben sich erst im Geiste des Betrachters, der sie schaut.

Auch das Eigentliche eines Domes ist nicht wirklich. Wirklich sind Steine, Balken, statische Verhältnisse. Was der Baumeister aber eigentlich meinte, war ja doch etwas anderes: ein bestimmt geformter Raum, von Leben erfüllt, ja selber Leben, ein pulsendes und atmendes Raumwesen. Pfeiler, die aufsteigende Kräfte sind; Bogen als sich immerfort vollziehende Schwünge; Decken als Wölbungen, welche das Werk des Abschlusses vollbringen – und, in alledem sich ausdrückend, eine bestimmte Erscheinung dessen, was „Haus Gottes unter den Menschen“ heißt. Das alles ersteht aber erst, sobald ein Mensch, der empfänglich ist, in den Dom tritt und stehend und dahingehend, schauend und atmend, mit Augen, Stirn und Brust, mit der Fühlsamkeit seiner ganzen Gestalt das beständige stille Aufwachsen, Ragen und Lasten, Sich-Formen und -Wölben, Bergen und Enthüllen, Feiern und Jubilieren um ihn her auffaßt. Das alles ist aber doch nicht wirklich!

Das „Wirkliche“ am Kunstwerk, die Flächen und Massen, die Farben und Stoffe, die Töne mit ihren harmonischen Gesetzen – alles das hat den Charakter des Hinweises, durch welchen der Künstler den Betrachter vom eigentlich Gemeinten verständigt. Dieses selbst befindet sich in jenem unwirklichen Raum, den der Mensch durch sein Schauen und Vorstellen zu öffnen vermag und von dem aus er zur Wirklichkeit in Spannung tritt. Natürlich kann es vom

Äußerlich-Wirklichen nicht abgelöst werden, sondern gehört mit ihm zusammen, bildet mit ihm jene charakteristische Einheit, die eben „Kunstwerk“ heißt. Es ist auf dieses Wirkliche hin geformt, ja von vornherein auf es hin gesehen. Der Plastiker sieht nicht „den Zug der Panathenäen“, wie ihn geradesogut ein Maler malen, ein Graphiker zeichnen, ein Epiker beschreiben könnte; sondern er sieht die Menschen und Pferde und Stiere des Festzuges von vornherein plastisch, noch genauer, auf die Ausdrucksmöglichkeiten des Marmors hin, im Lichte Athens, an der und der Stelle des Parthenons. Trotzdem liegt das Eigentliche hinter der empirischen Wirklichkeit, im Raum der Vorstellung. Und dorthin muß, von den Zeichen des Sichtbaren gewiesen, der Betrachter vordringen. Er muß jenes Eigentliche aufrufen, es in der inneren Anschauung aufsteigen, durch Geist und Herz lebendig werden lassen.

Das aber gelingt ihm so weit, als er sich bemüht – und schon, daß hier ein Bemühen nötig ist, ein Sich-Sammeln, Eindringen, Lernen und Sich-Üben, ist den meisten unbekannt, weil sie im Kunstwerk nur eine Sache für müßige Stunden, einen „Genuß“ sehen, während es doch der Ordnung der hohen Dinge angehört, welche Forderungen stellen, um sich mitteilen zu können. Der Parthenon ist in seiner Art ebenso schwer zu verstehen und verlangt eine ebenso große Bemühung wie die Philosophie Platons ... Doch abgesehen davon: Das Aufrufen jenes Eigentlichen gelingt dem Betrachter so weit, als es ihm zugewiesen ist, genau so weit. Die Bildwerke des Parthenon dürften an der Straße stehen, vor jedermanns Blicken bloß: sie wären bewahrt in ihrer eigenen Herrlichkeit. Von deren Glanz würde jeder Vorübergehende so viel sehen, als seinen Augen zugewiesen ist. Hier gilt eine strenge Ordnung, die man oft schmerzlich erfährt und trotzdem segnet. Es ist gut, daß die wichtigen Dinge nicht jedermanns Dinge sind – wobei aber angemerkt werden muß, daß diese Ordnung nicht von irgendwelchen Privilegien des Besitzes oder der sozialen Stellung, sondern von der Begabung des Auges, der Kraft des

Geistes und der Lebendigkeit des Herzens bestimmt ist. Einer, der in allen Möglichkeiten der Bildung aufgewachsen ist, kann blind sein für das eigentliche Kunstwerk; ein anderer, dem die Not des Daseins weder Muße noch Anregung gelassen hat, kann es aufs lebendigste empfinden.

Darauf, daß das Kunstwerk dem Menschen die Möglichkeit gibt, aus der Wirklichkeit, in der er lebt und die er selbst ist, in die nicht-wirkliche Sphäre der Vorstellung hinüberzugehen, beruht eine der köstlichsten Gaben, die es zu verschenken hat, nämlich sein Friede.

Wirklichkeit erregt, stößt an den Willen, fordert zum Gegenstoß heraus. Hier hingegen sind Gebilde von unerschöpfbarer Fülle und tiefstem Leben, aber nur vorgestellt. Sie erschüttern, wecken Sehnsucht, beglücken, ohne in den Kampf des wirklichen Daseins zu ziehen. Sobald der Begegnende das Kunstwerk nicht mit der Wirklichkeit verwechselt, die man haben und gebrauchen, von der man bedroht und zerstört werden kann, sondern es als im Nichtwirklichen aufsteigende sinn-offenbarende Gestalt erkennt, atmet alles einen besonderen, nur hier sich öffnenden Frieden.

Die Verheißung

Trotzdem ist das Kunstwerk an der Wirklichkeit beteiligt. Es geht aus der Sehnsucht nach jenem vollkommenen Dasein hervor, das nicht ist, von dem aber der Mensch trotz aller Enttäuschung meint, es müsse werden: worin das Seiende seine volle Wahrheit erreicht hat und die Wirklichkeit den Wesenheiten untertan geworden ist; wo die Dinge in der Innerlichkeit des offen gewordenen Herzens stehen und das Herz durch die befreite Mannigfaltigkeit der Dinge redet.

Der Baum auf der Leinwand ist nicht wie der draußen auf dem Feld. Er ist überhaupt nicht „da“, sondern steht, gesehen, gefühlt, mit dem Geheimnis des Daseins erfüllt, im Raum der Vorstellung. Der Maler hat ihn schauend geformt und sein Bild so im äußeren Gefüge der Linien und Farben der Leinwand ausgedrückt, daß er auch in der Vorstellung dessen auftauchen kann, der dieses Gefüge betrachtet. Der Baum ist aber nicht in seine Unwirklichkeit versiegelt, sondern weckt die Hoffnung, die Welt, wie sie sein müßte, wenn es ihn wirklich geben sollte, werde irgend einmal tatsächlich erstehen. So entwirft die Kunst etwas voraus, das noch nicht da ist. Sie kann nicht sagen, wie es werden soll; dennoch gibt sie eine geheimnisvoll tröstende Gewähr, daß es kommen werde. Hinter jedem Kunstwerk öffnet es sich gleichsam. Etwas steigt auf. Man weiß weder, was es ist, noch wo, aber man fühlt im Innersten die Verheißung.

Seinen eigentlichen Sinn erhält das Werk erst von Gott her. Die Offenbarung redet vom Erstehen der neuen Welt aus Untergang und Gericht. Das ist von der natürlichen Welt selbst her nicht möglich. Aus sich bleibt sie in jene Verschlossenheit versiegelt, von welcher der Anfang des Johannesevangelium redet. Wohl liegt in der Welt die Fülle des Möglichen: Leistungen, Taten, Überwindungen, Lebenssteigerungen aller Art, groß, schön und wahrlich des Kämpfens wert – doch laufen sie alle innerhalb jenes ersten Ansatzes weiter, der eben „Dasein“ heißt. Das ist aber noch nicht jenes Eigentliche, das unser Innerstes sucht und in dessen Verwirklichung „die“ Zukunft besteht. Wir wissen, die Dinge sind nicht, wie sie sein sollen, aber wir können sie aus ihnen selbst heraus durch keine Wissenschaft noch Technik dazu machen. Niemals werden wir zugeben, wir seien nur das, was wir jetzt sind. „Der Mensch übersteigt um ein Unendliches den Menschen“, hat Pascal gesagt; er kann sich aber selbst nicht erreichen, mit keiner Kraft der Natur noch Kultur. Immerfort macht er, auf der Linie des Arbeitens und Sich-Entwickelns, Kämpfens und Eroberns, den Versuch dazu, aber er gelingt nicht. Das Dasein gibt das, worum es dabei geht, aus sich selbst nicht her. Dieses, die eigentliche Zukunft, muß wirklich „zukommen“, auf uns zu, von Gott her: als „der neue Himmel und die neue Erde“, worin das Wesen der Dinge offenbar ist; als der „neue

Mensch“, der gebildet ist nach dem Bilde Christi. Das ist das neue Dasein, wo alles offen ist; wo die Dinge im Herzraum des Menschen stehen und der Mensch sein Wesen in die Dinge einströmen läßt. Von diesem Neuen redet die Kunst – oft nicht wissend, was sie redet.

Aus alledem kommt ihr religiöser Charakter. Wie wir ihn hier meinen, stammt er nicht aus unmittelbar religiösen Inhalten des einzelnen Werkes. Die gibt es natürlich, und es wäre viel darüber zu sagen, was es bedeutet, wenn eine religiöse Botschaft nicht durch Worte, sondern durch die künstlerische Gestalt kundgetan wird. Hier geht es aber um etwas anderes: um jenen religiösen Charakter, der in der Struktur des Kunstwerkes als solcher liegt; in seinem Hinweis auf die Zukunft; auf jene schlechthinnige „Zukunft“, die nicht mehr von der Welt her begründet werden kann. Jedes echte Kunstwerk ist seinem Wesen nach „eschatologisch“ und bezieht die Welt über sie hinaus auf ein Kommendes.

So mündet auch das echte Verhältnis zum Kunstwerk in etwas Religiöses aus. Die voraufgehenden Überlegungen haben gezeigt, daß ich dem Kunstwerk nicht gerecht werde, wenn ich es „genieße“, sondern daß ich die Begegnung des schaffenden Menschen mit dem Ding mitvollziehen muß. Ich trete in den Raum ein, der hier entsteht, und lebe in der sich erhebenden reineren Welt. Indem ich sie schaue, werde ich von ihr erfaßt. In mir selbst wird „das Bessere“ angerufen und aus der Bindung und dem Druck frei gemacht, worin das tägliche Dasein es hält. Ebendarin aber ahne ich, was ich eigentlich bin, und fühle die Verheißung, einst werde ich dieses Eigentliche einholen dürfen. Richtiger gesagt: einst, in der letzten Zukunft, wenn das Eigentliche der Welt überhaupt auf sie zukommt, werde auch mein Eigentliches mir entgegentreten und mir zu eigen werden.

Kunst und Absicht

[1946]

Seit den Tagen, da dem großen Künstler Platon die Kunst fragwürdig wurde, ist immer wieder die Frage aufgetaucht, worin ihr Sinn bestehe, und wie sie ihn zu verwirklichen habe. Wir werden gewiß nicht die Antworten aufzählen, welche diese Frage erhalten hat; aber vor etwa einem Jahrhundert wurde eine gegeben, die uns angeht. Und zwar sagte sie, die Kunst sei „für die Kunst" da. Es war eine kämpferische Formel und sie stand anderen gegenüber, die erklärten, die Kunst sei „für das Leben" oder „für die Menschheit" da – wobei die weitere Frage, was sie für Leben und Menschheit zu tun habe, sehr konkrete Antworten bekam.

Nachdem die Kunst in der letzten Vergangenheit zu allen möglichen Diensten gepreßt worden ist, empfinden wir jene alte Formel wieder als sehr zeitgemäß. Recht verstanden meint sie doch, die Kunst trage ihre Aufgabe in sich selbst und lehne alle von außen kommenden Zwecksetzungen ab. Sie sei dazu bestimmt, das Wesen der Dinge zu erfassen und in sinnenhafter Gestalt auszudrücken, und darin unterstehe sie nur ihrem eigenen Gesetz.

Dann geriet die Formel in die Bewegung der Geschichte und verlor ihre erste Klarheit. Aus der Kunst wurde vielfach etwas Abseitiges und Künstliches, an dem keiner, der sie liebte, Freude haben konnte. So entstand um die Jahrhundertwende eine neue Parole und verkündete, die Kunst müsse „dem Volke" gehören. Sie müsse aus der artistischen Isolierung herausgeholt und ins Leben der Gesamtheit gestellt werden. Man könnte einwenden, große Kunst sei immer Sache Weniger gewesen, jedenfalls wurde aber unter der neuen Parole manches Gute geleistet – erinnern wir uns etwa an die Arbeit des Kunstwart und ähnlicher Bestrebungen im allgemein-kulturellen oder an die

Erziehung zu künstlerischem Urteil im religiös-kirchlichen Bereich.

Auch diese Formel geriet in die Strömung der Geschichte, und wir haben ihre letzte Abwandlung noch im Ohr, welche besagte, die Kunst habe dem Staate zu dienen. Mit Schaudern denkt man an das zurück, was da hervorgebracht wurde. Ich erinnere mich noch gut, wie ich in München durch das vor kurzem eröffnete „Haus der deutschen Kunst" ging und angesichts all der ringsum hängenden und stehenden Leere nicht wußte, ob ich lachen oder frieren solle. Zum Glück war die andere Ausstellung mit der Überschrift „Entartete Kunst" in nächster Nähe; so konnte man hingehen und sich an den Werken eines Ernst Barlach, Franz Marc, Paul Klee, Lovis Corinth und anderer – solche befanden sich da wirklich, allerdings in raffinierter Weise von Abgeschmacktheiten und Scheußlichkeiten umgeben – die Augen wieder sauber sehen. Nun, die Formel ist abgetan; welche soll jetzt gelten?

Wie wäre es aber, wenn man versuchte, ohne Formeln auszukommen? Und der Künstler täte nichts als in die Fülle der Welt draußen und drinnen zu blicken und das, was er schaut, so auszusprechen, wie es selbst ausgesprochen sein will? Kunst hat keinen Zweck, aber sie hat einen Sinn: daß der „zum Sehen Geborne, zum Schauen Bestellte" die immer neue Begegnung zwischen Mensch und Welt in Farben, Formen, Tönen und Worten ausdrücke – ohne Absichten, aber in Reinheit; nicht unter dem Befehl von Parolen, aber in Verantwortung vor dem Gewissen.

Überall müssen wir Zwecke im Auge halten. Überall müssen wir das Wenige, das uns geblieben ist, an die Stelle bringen, wo es am nötigsten ist, und bis zum Äußersten ausnützen. Nirgends ist uns mehr gestattet, einfach aus der Fülle der Welt zu leben. So sollte die Kunst die schöne Ausnahme bleiben und rein aus dem Sinn heraus schaffen, Unterpfand dafür, daß trotz allem die Absichtslosigkeit doch die größte Macht ist. Es geht ja auch gar nicht anders, denn nur die Absichtslosigkeit öffnet den Raum, worin die schaffenden Kräfte frei werden und die Gestalten nach ihrer Notwendigkeit aufsteigen. Wenn aber der Künstler in Ehrfurcht vor Gott steht und sein Volk liebt, dann geht sein Werk von selbst und ohne Programm in das Leben des Ganzen ein.

Der Leser kennt gewiß den Dialog Heinrich v. Kleists über das Marionettentheater. Man hat ihn schon oft in diesen Fragen als Zeugen aufgerufen; während der vergangenen Jahre ist aber so viel verschüttet worden, daß man es ruhig wieder tun kann. In dem Gespräch ist von der Grazie die Rede, die der Marionette eignet, die der Mensch aber so selten erreicht, weil er immer weiß und will und, durch seine Absichten gebunden, kaum einmal dazu kommt, aus seiner Mitte ins Offene hinauszuleben. Die Marionette ist sich ihrer selbst nicht bewußt und kann nichts für sich wollen. Sie hat keine andere Mitte als die des natürlichen Gleichgewichts, so sind ihre Bewegungen bloße Bewegung und daher ganz rein. Im Zusammenhang dieser Gedanken erzählt dann der Klügere der beiden Gesprächspartner von einem Erlebnis. Er hat einmal gesehen, wie ein junger Mensch sich nach dem Baden niedersetzte und über seiner Gestalt die ganze Anmut lag, welche die bekannte griechische Statue des Dornausziehers atmet. Zufällig schaut aber der Beschäftigte auf, blickt in einen vom Verhängnis angebrachten Spiegel, wird sich der Situation bewußt, und im selben Augenblick ist der Zauber verschwunden. Er versucht, die reine Stellung wieder einzunehmen, aber es gelingt ihm nicht. Der Wunsch wird zum Zwang, aber je mehr er sich bemüht, desto mehr verquält er sich, und aus dem kleinen Begebnis erwächst ein Unheil, das ihm sein ganzes Menschentum verdirbt.

Programme und Parolen sind solche Spiegel. Die Kunst soll sich vor ihnen hüten, um ihrer selbst, aber auch um unserer aller willen, damit wenigstens an einer Stelle in unserem verknechteten Leben Freiheit sei: dort, wo Menschen, deren Augen und Hände gesegnet sind, die Bilder des Lebens für uns sichtbar machen.

Abschied von der Tübinger Kunstausstellung
[1947]

I.

Ich bin heute noch einmal in der Ausstellung gewesen, in welcher, wie ihr Titel sagt, vor den Luftangriffen geborgene „Kunstwerke aus neun Jahrhunderten" beieinander sind. Bald soll sie geschlossen werden, und das ist ein Anlaß, traurig zu sein.

Man hatte sich daran gewöhnt, sie in den würdigen Räumen des Kunstgebäudes neben der Universität zu wissen; immer wieder ohne großen Entschluß eintreten, einige der schönen, stillen Dinge betrachten und wieder zu seiner sonstigen Tätigkeit zurückkehren zu können, sodaß es nicht das Unternehmen eines Museumsganges bedeutete, sondern sich leicht in den Tag einfügte. Diese Vertraulichkeit söhnte sogar fast mit der Unnatur des Museums aus, – denn es ist eine, besonders wenn es sich um religiöse Werke handelt. Es ist nicht nur seltsam, sondern im Innersten falsch, wenn etwa in einem Raum mehrere Gestalten des Gekreuzigten oder mehrere Madonnen hängen und stehen. Das kann nur deshalb geschehen, weil die Zeit als Ganzes nicht mehr weiß, was diese Werke bedeuten; ganz abgesehen davon, daß ein Kruzifix wie der von St. Gereon in Köln, oder das Pestkreuz von Maria im Kapitol überhaupt nur in eine Kirche gehören. Aber, wie gesagt, in Tübingen vergaß man fast die Unnatur. Vollends vom Standpunkt der Universität aus konnte man sich denken, sie und die Versammlung schöner Werke drüben bildeten ein Ganzes, in welchem die Möglichkeit bestand, von Wissenschaft und Philosophie zu hören, aber auch zu einem Kunstwerk zu gehen, und so viel zu schöpfen, als einem gegeben wurde.

Im Nachdenken über das, was man bei seinen Besuchen gesehen und gehört hat, kam man auf allerlei Wünsche. Der erste besagte, solche Ausstellungen möchten häufiger stattfinden; ja sie möchten zum regelmäßigen Bestande jener Bildungsmöglichkeiten gehören, welche die Universtität über die Fachwissenschaft hinaus gibt. Damit ist natürlich auch gesagt, daß sie für die Regel keine solche Fülle und Gewichtigkeit haben würden wie die soeben geschlossene. Das brauchten sie aber auch nicht. Wenige Werke, vielleicht nur eines Meisters, dafür aber in freieren Raum verteilt; eine Reihe graphischer Blätter, ein Zusammenhang von Entwürfen für Städtebau und ähnliches wäre sogar besser als ein Reichtum, der den Ungeübten verwirrt. Auch durchaus nicht immer nur Vollendetes oder gar Großes, sondern auch Unfertiges, Suchendes, zum künstlerischen Werktag Gehöriges. Kunst soll ja doch nicht nur Ausnahme und Feier, sondern auch ein Stück unseres Lebens sein. Sofort schließt sich aber ein zweiter Wunsch an: die ausgestellten Werke möchten auch durch entsprechende Hilfe aufgeschlossen werden. Das ist geschehen, aber doch wohl noch nicht genug und vielleicht nicht immer in der richtigen Weise. Wenn man die Menschen betrachtete, die in den Sälen herumgingen, merkte man, wie hilflos sie oft waren und nicht wußten, was sie mit den Dingen anfangen sollten. Und zwar gilt das für alle sozialen und bildungsmäßigen Schichten; denn das, worauf es ankommt, ist ja nicht Wissen, sondern Fähigkeit zum Sehen, Fühlen und Verstehen. Ein Bild müßte richtig aufgeschlossen werden, als Werk sowohl wie als Ausdruck von Menschlichem. Die Gestaltungsprobleme müßten fühlbar gemacht werden, die in den verschiedenen Bildern liegen. Darüber hinaus müßte nahegebracht werden, was überhaupt Farbe ist, was Linie, was Bewegung, Masse und so fort.

Solche Hilfen ist man den Menschen schuldig, die viele Jahre hindurch von aller echten Kunst weggewöhnt worden sind, – davon, daß während des Krieges die schönsten Dinge haben verborgen werden müssen, gar nicht zu reden.

Und man ist es den Werken schuldig, denn wir wissen ja noch gar nicht, wieviel zerstört ist und was noch geschehen kann; sodaß wir, nach Rilkes Wort, alle Veranlassung haben, das uns heute Belassene tief ins Herz zu nehmen.

Derlei Dinge gingen einem durch den Kopf, wenn man mit dem Gefühl, es sei das letzte Mal, durch die Säle ging. Dieses Wort aber – „das letzte Mal“ – hatte einen anderen Klang als früher. Es bedeutete mehr, als daß man sich fragte, ob man noch diese oder jene Gelegenheit haben werde; hatte doch die vergangene Zeit so schauerlich zu Bewußtsein gebracht, in wie unguter Hand der Mensch beim Menschen ist – und Menschenwerk ebenso. Heute schafft er unter unsäglichen Mühen, morgen schlägt er alles in Trümmer, übermorgen sammelt er die Stücke und schreibt Bücher darüber. Ja manchmal geschieht nicht einmal das, sondern Fragmente, für welche spätere Zeiten dankbar wären, werden zusammengekarrt und verkommen. Solche Gedanken machten, daß man, schon an der Türe eines Saales angelangt, wieder zurückging und noch einmal diese Madonna anschaute oder jene Landschaft in die Augen nahm.

II.

Die Ausstellung hat in der Zeit von etwa sechs Monaten an vierzigtausend Besucher gezählt. Auch diese Zahl gibt Anlaß zu Überlegungen. Was haben die Menschen eigentlich in ihr gesucht, was haben sie gefunden?

Manche hatten gemerkt, daß von der Ausstellung geredet wurde und wollten mitreden können. Lassen wir sie auf sich beruhen ... Andere wollten etwas lernen. Das war ehrenwert, aber noch nicht sehr wesentlich ... Wieder andere, besonders Jüngere, haben in der Ausstellung zum erstenmal erlebt, was ein wirkliches Kunstwerk ist, denn sie hatten in den vergangenen Jahren der Dunkelheit noch gar keins gesehen. Auf solche Besucher könnte man neidisch werden. Welche Anschauung müssen sie bekommen haben, wenn sie richtig an die Werke geraten sind, weil entweder ihr eigener Instinkt oder eine glückliche Fügung ihnen geholfen hat! Es muß ein ähnliches Erlebnis gewesen sein, wie wenn einer zum erstenmal das Meer sieht oder mit Bewußtsein einem großen Menschen begegnet.

Dann aber gab es noch eine andere Gruppe, und sie war es, scheint mir, welche dieser Ausstellung – das Wort für das Ganze: Werke, Menschen und Situation genommen – ihren besonderen Charakter gab. Wenn man öfter hinging, konnte man nämlich eine eigentümliche Grundstimmung bemerken. Die bezog sich nicht auf die neueren Sachen, so schön die Bilder Courbets und van Goghs waren; auch nicht auf Renaissance und Barock, so tief einen der Rembrandt berühren konnte, sondern auf das Mittelalter. Ich glaube, manch einer der Besucher hat da zum erstenmal erlebt, was mittelalterliche Kunst, und vielleicht auch, an ihr, was religiöse Wirklichkeit sei.

Aber wir wollen nicht einseitig werden. An den mittelalterlichen Werken konnte er vielerlei erleben. Er konnte zum Beispiel die scheinbare Unbehilflichkeit sehen und zugleich merken, wie die Macht der inneren Anschauung alle Mängel verschlang. Falls er nicht noch tiefer blickte und sah, daß das, was Renaissance und Barock als mittelalterliche Barbarei empfunden hatten, in Wahrheit ein Stilwille war, der wohl bei besserer Kenntnis der Anatomie und freierer Technik dieses oder jenes anders hätte machen können, im Großen und Ganzen aber doch genau das gemacht hat, was er wollte. Er konnte die unsägliche Anmut der Gebärden, die aus lebendigster Tiefe heraus geformte Menschlichkeit der Gesichter empfinden; alles ganz anders als geistdurchleuchtete Natürlichkeit der Antike, aber ihr ebenbürtig an Größe und Schönheit. Er konnte die innige Gegenwärtigkeit fühlen, die aus der selbstlos genauen Arbeitsweise entstand ... Das und anderes wäre anzuführen, hätte aber noch nicht das Eigentliche getroffen. Der Besucher, der lange Jahre eine immer tiefere Auskältung der Welt, eine immer bewußtere Entbehrung des Menschlichen und

Göttlichen durchlebt hatte, konnte hier empfinden, was religiöse, sagen wir genauer, christliche Wirklichkeit sei.

Das klingt vielleicht befremdlich, denn in der Ausstellung ging es doch um Kunstwerke, nicht um Glaubensverkündung. So müssen wir genauer sprechen. Die Werke mittelalterlicher Kunst, die ja fast durchweg aus religiösen Voraussetzungen hervorgegangen sind, sind nicht „Kunstwerke“ im neuzeitlichen Sinne – wie denn, genau genommen, überhaupt nie ein Bildwerk, das aus wirklichem Glauben hervorgeht, ein solches ist. Auch das antike war es nicht, wenigstens nicht bis zur großen Zeit des 5. Jahrhunderts; und selbst nachher nur für die skeptisch gewordene Bildungsschicht.

Was hat denn der antike Mensch an den Bildwerken seiner Tempel und Weihestätten erfahren? Die Vergegenwärtigung des Göttlichen; nicht in abstrakten Ideen oder subjektiven Gefühlen, sondern in Gestalten, den Göttern; und in den Begebnissen, die sich der Überlieferung nach durch diese Götterwesen und an ihnen zugetragen hatten, den Mythen. Da aber die Götter nichts anderes waren als die Welt selber, waren diese Mythen die Weise, wie der Mensch das Ganze des Daseins, und in diesem Dasein sich selbst religiös verstand.

Nachdem die Mythen schon lange vorher durch den Prozeß der Individualisierung und Nationalisierung ihren Sinn verloren hatten, hob das Christentum sie grundsätzlich, von der Offenbarung her, auf, denn der Gott, den es verkündete, ist nicht die Göttlichkeit der Welt, sondern der Herr, der, in sich erfüllt und frei, keines Dinges bedarf. Wo das Leben von der christlichen Botschaft bestimmt war, konnte es keine Mythen mehr geben. Trotzdem war in ihr etwas, was auch im Mythos gewesen war: sie deutete das Dasein nicht durch abstrakte Lehren und Normen, sondern durch konkrete Gestalten, Handlungen und Schicksale. Das aber sind die Persönlichkeiten und Geschehnisse der Heilsgeschichte, wie sie im Alten und Neuen Testament erzählt ist und in der Person, dem Werk und dem Leben Jesu

Christi gipfelt.

Im Christentum kehrte eine bestimmte Funktion, die der Mythos erfüllt hatte, wieder, freilich mit entgegengesetztem Sinn. Durch sie wurde der Glaubende nicht, wie dort, in die Welt eingeschlossen – denn im Mythos leben heißt, mit der Welt eins sein –, sondern von ihr und von sich selbst befreit. Nicht von ihr weggeholt; ob einer von der Welt wegzugehen habe, war Sache individueller Berufung. (Wie unsinnig das Gerede von der christlichen Weltflucht als Generalbegriff ist, konnte gerade die Ausstellung zeigen: wo „Weltflucht“ die Grundbestimmung ist, entstehen keine solchen Werke.) Sondern der Christ wurde von der Welt frei, um sie in neuer, ernüchterter und zugleich vertiefter, überlegener und zugleich ernsterer Weise unter seine Verantwortung nehmen zu können. So wurde die heilige Geschichte, im Verzicht auf den Mythos, zur legitimen Erbin seiner obengenannten Funktion.

Infolgedessen mußten ihre Gestalten und Geschehnisse überall im christlichen Lebensraum auftauchen. Das Kirchenjahr bildete die im Rhythmus der Zeit Jahr für Jahr wiederkehrende liturgische Vergegenwärtigung des Lebens Jesu. Was dem Gläubigen aus Festtagen und Jahresabschnitten – Weihnachten, Epiphanie, Karwoche, Ostern, Himmelfahrtstag, Pfingsten – zeithaft entgegentrat, schaute er raumhaft an, wenn er in die Kirche ging und ihre Malereien, Plastiken, Fenster, die ganze Symbolik ihrer Formen und Geräte sah. Wenn er aber vor die Gestalten der Heiligen – den großen Anstoß für die neuzeitlich- abstrakte Religiosität – trat, sah er, wie durch sie die Urwirklichkeit der Erlösung ins gläubige Leben ausstrahlte, denn in ihnen leuchtete, deutlicher als es im Kleinmut des Alltags möglich war, etwas vom Urbild auf.

Das alles hat sich, getragen von jener geschichtlichen Lebenseinheit, die aus der Verbindung nordischer Volkskräfte und der Form-Macht der alten Mittelmeerwelt hervorging, im Schaffen des Mittelalters ausgewirkt. Daraus sind auch die Werke seiner Kunst hervorgegangen – und ebendas war es, glaube ich, was viele Besucher der Ausstellung empfunden haben.

Das Leben des neuzeitlichen Menschen hat weithin nicht mehr religiöse Gestalt; das ohnmächtige Gerede vom Mythos ist ja ein Beweis dafür. Es gibt keinen Mythos mehr und kann keinen mehr geben; seine Zeit ist vorbei. Auf der anderen Seite ist aber für Viele die christliche Gestaltenwelt nicht mehr gültig; ein Unglück, an welchem die Christenheit selbst mitschuldig ist, und in ihr die Bild-Erstarrungen des Katholizismus nicht weniger als die Bild-Verneinungen des Protestantismus. Daher machen auch die christlichen Darstellungen so oft den Eindruck des Überholten und Abgestorbenen. Umso unmittelbarer waren viele berührt, als sie, unbeeinflußt durch herabsetzende oder verherrlichende Reden über das Mittelalter, einfach seinen Bildwerken gegenüberstanden. Mehr oder weniger klar, mehr oder weniger stark und tief haben sie empfunden, was religiöse Gestalt ist, und was sie für das Leben bedeuten mag.

Darüber wäre noch viel zu sagen, auch zu der Frage, was hier geschehen könnte und vielleicht schon im Geschehen ist; doch soll es genug sein. Ohnehin sind wir schon bedenklich genug in die Nähe der Abhandlung geraten, während unsere Absicht doch nur gewesen war, von der Tübinger Ausstellung Abschied zu nehmen.

Abstrakte Kunst philosophisch gesehen

Gutachten für die Entschädigungsklage eines abstrakten Künstlers gegen den Staat X[1]
[1956]

I.

Die vom Beweisbeschluß des Entschädigungssenats des Oberlandesgerichts Y gestellten Fragen lauten:

a) „ob die gegenstandslose Kunst schlechthin Ausdruck einer Weltanschauung sein kann, bejahendenfalls, ob sie es tatsächlich ist“;

1 *Vorbemerkung der Zeitschriftenredaktion:* In einem Prozeß, dem die Entschädigungsklage eines abstrakten Künstlers gegen einen deutschen Staat zugrunde lag, wurde neben anderen Sachverständigen auch der Universitätsprofessor Dr. Dr. h. c. Romano Guardini in München um ein Gutachten gebeten. Guardini folgte der Aufforderung, und zwar als Philosoph, er gab das gewünschte Gutachten ab, und zwar vor allem ausgesprochen zum Zweck der Klärung der heutigen, immer noch höchst verworrenen Begriffe, die der Betrachtung und Bewertung dessen, was abstrakte Kunst genannt und als solche angesehen wird, zugrunde liegen. Auf unsere Bitte hat Professor Guardini uns sein Gutachten zum Abdruck zur Verfügung gestellt: die Bitte wurde ausgesprochen, weil uns dieses Gutachten viel mehr als nur eine Wertung eines bestimmten Kunstwollens aus der ersten Hälfte des 20. Jahrhunderts zu sein scheint, nämlich eine erste, nur auf das Wesentliche gehende Diskussion der Zeitkräfte, die in der abstrakten Kunst am Wirken waren und sind. Zugleich sehen wir in diesem Gutachten eine tragfähige Grundlage für die heute – man denke an die Kämpfe um Hans Sedlmayer – erneut aufgeflammte Auseinandersetzung über Wert oder Unwert der abstrakten, mehr oder weniger gegenstandslosen Malerei, die immer noch wesentlichster Zeitausdruck ist und auch für die Zukunft noch lange in neuen Abwandlungen bleiben wird. Wir bringen hier das Votum Guardinis in der Form zum Abdruck, die er ihm für den Gebrauch vor Gericht gegeben hat.

b) „ob sie vom Nationalsozialismus als Ausdruck einer ns-feindlichen Weltanschauung bekämpft wurde";

c) „ob der Nationalsozialismus in jedem gegenstandslosen Künstler einen Gegner der von ihm propagierten Weltanschauung erblickt und ob er diese Künstler gerade deshalb bekämpft und verfolgt hat."

Vorausschicken möchte ich, daß ich hier – der Intention der gerichtlichen Aufforderung wie auch meinen eigenen fachlichen Voraussetzungen gemäß – nicht als Kunsthistoriker noch als Kenner der Zeitgeschichte, sondern als Philosoph spreche.

Die Sachlage ist verwickelt, weil die Art, wie die Begriffe verstanden und die Worte gebraucht werden, nicht nur sehr ungleich, sondern auch – besonders im Bereich der allgemeinen Bildungsbemühungen, der Journalistik und Propaganda – höchst ungenau sind. Diese Ungenauigkeit wiegt um so schwerer, als in der schwebenden Sache der Gebrauch der Begriffe und Worte unmittelbar juristische Tragweite hat.

So möchte ich zuerst sagen, wie im folgenden die in Betracht kommenden Begriffe verstanden bzw. die Worte gebraucht werden sollen.

II.

Unter „Kunststil" wird die malerische, plastische, architektonische usw. Formensprache verstanden, wie sie jeweils durch die Art des Sehens und Empfindens, die gesellschaftlichen Verhältnisse, die technischen Möglichkeiten usw. bestimmt ist. Von einem Stil in diesem Sinne reden wir mit Bezug auf ganze Epochen, etwa einem romanischen im Unterschied zum gotischen; mit Bezug auf soziale Schichten, etwa einem höfischen im Unterschied zum bürgerlichen; mit Bezug auf einzelne Meister, etwa dem Stil El Grecos im Unterschied zu dem Michelangelos.

Unter „Weltbild" wird die Vorstellung verstanden, die

eine Epoche, oder eine soziale Gruppe, oder ein einzelner Mensch von der Struktur des Weltalls, der menschlichen Gesellschaft, des Rechts- und Wirtschaftslebens usw. haben. In diesem Sinne sprechen wir etwa vom mittelalterlichen Weltbild im Unterschied zum neuzeitlichen; vom Weltbild der heutigen Physik im Unterschied zu dem der klassischen; vom Weltbild Bismarcks im Unterschied zu dem von Gladstone.

Unter „Weltanschauung“ endlich wird das Verhältnis verstanden, in welchem die Menschen einer geschichtlichen Epoche, oder die Angehörigen einer sozialen Gruppe, oder auch ein Einzelner zur Welt, zum Leben, zur religiösen Wirklichkeit stehen.

„Weltanschauung“ enthält also eine bestimmte Auffassung des Religiösen, eine Stellungnahme zur Ordnung der Werte, eine Ansicht über die ethischen Aufgaben des Lebens usw. In diesem Sinne sprechen wir von einer gläubigen oder skeptischen, einer idealistischen oder materialistischen, einer konservativen oder revolutionären Weltanschauung – bis zu solchen Differenzierungen, wie sie in der Weltanschauung Goethes im Unterschied zu der von Kleist oder Hölderlin verkörpert sind.

Diese drei Begriffe – Kunststil, Weltbild und Weltanschauung – stehen zueinander in den verschiedensten Beziehungen und werden auch im Sprachgebrauch miteinander vermengt. Sie sind aber in ihrem Sinn verschieden.

So wird z. B. einem bestimmten Kunststil, geschichtlich gesehen, meistens ein bestimmtes Weltbild zugrunde liegen. Ein echter archaischer Stil etwa läßt auf ein Weltbild schließen, das mythischen, geozentrischen, theokratischen oder sakral-monarchischen Charakter hat. Andererseits können aber archaische Stilmomente auch in einer viel späteren Epoche auftauchen, etwa als Ausdruck einer Opposition gegen eine herrschende subjektivistische oder realistische Kunstrichtung, so z.B. in der späten Neuzeit als Widerstand gegen Impressionismus und Verismus. Damit ist gesagt, daß in einem bestimmten Stil verschiedene Weltbilder zum Ausdruck kommen können. Sache einer genaueren Prüfung ist es dann, seine ursprünglich-unmittelbare Verwendungsform von der späteren Wiederholung zu unterscheiden.

Noch vielfältiger sind die Durchkreuzungen im Verhältnis zwischen Kunststil und Weltbild auf der einen, Weltanschauung auf der anderen Seite. Im gleichen Stil und Weltbild können sich sehr verschiedene Weltanschauungen ausdrücken. So gehören – trotz aller Abweichungen im einzelnen – die Malerei von Nolde und die von Rouault dem gleichen Stil, nämlich dem expressionistischen, auch dem gleichen Weltbild, nämlich dem des beginnenden 20. Jahrhunderts an. Ihre Weltanschauungen aber, ihre religiöse Haltung, der ganze Sinn, den sie dem Dasein geben, sind tief verschieden.

III.

Einer genaueren Bestimmung bedarf auch der Sinn, der den Begriffen bzw. Worten „gegenstandslose" oder „abstrakte" Kunst gegeben wird.

Damit ist zunächst jene Kunstrichtung gemeint, in deren Werken das Dargestellte keine unmittelbare Ähnlichkeit mit Dingen hat, die sich in der Natur vorfinden. Als Beispiele wären die späteren Bilder Kandinskis, viele von Klee, von Baumeister u.a. zu nennen. Was sie geben, sind frei spielende Linien und Flächen, Farben und Proportionen. Auf die Frage: „was stellt dieses Werk dar?" lautete die Antwort nicht: „einen pflügenden Bauer", oder „einen Sonnenaufgang", welche Antwort sich auf ein dem Künstler wie dem Betrachter gemeinsames Erfahrungsbild bezöge, sondern sie lautet: „es stellt überhaupt nichts dar, das sich bereits in der Natur vorfände, sondern gibt frei gestaltete Formen, aus denen dem empfänglichen Betrachter Gehalte des Daseins deutlich werden, die anders nicht aussagbar sind."

Allerdings ist die Bezeichnung „gegenstandslos" ungenau

und insofern irreführend, denn auch in das gegenstandsärmste, „abstrakteste“ Werk spielen immer noch Ähnlichkeiten mit Naturgebilden herein und bestimmen den Eindruck mit, den der Betrachter empfängt. Auch weckt der Titel des Werkes oft Assoziationen, die den Betrachter zu einer gegenständlich bestimmten Deutung veranlassen; besonders stark z. B. in den Zeichnungen von Paul Klee.

Von der gegenstands-losen Kunst führt eine Folge von Abstufungen zur gegenstands-armen. Es ist jene, in welcher das unmittelbare Naturbild noch sichtbar ist, aber in fortschreitendem Maße konzentriert bzw. in bloße Form übergeführt wird. Das kann auf möglichste Kraft des Ausdrucks hin geschehen, wie im Expressionismus; oder auf bloße „Figur“ hin, wie in Holzschnitten von Mataré; oder, um metaphysische Wirklichkeiten gegenwärtig zu bringen, wie bei Klee. Es geschieht aber bereits, und mit ganz ursprünglicher Kraft, in der Kunst der Primitiven, in der romanischen Buchmalerei u. a.

Der Nationalsozialismus, dem es hier nicht um künstlerische, sondern um politische Dinge ging, hat die gegenstands-lose Kunst mit der gegenstands-armen zusammengefaßt und als „entartet“ bekämpft. Da diese Zusammenfassung für die schwebende Frage wichtig ist, soll sie auch im vorliegenden Gutachten übernommen werden. Die Worte „gegenstandslos“ oder „abstrakt“ bezeichnen also in ihm ebenso die späteren Bilder Kandinskis oder Klees wie die expressionistischen Darstellungen von Nolde oder die magischen Phantasien von Marc Chagall.

IV.

Von diesen Voraussetzungen aus möchte ich hinsichtlich der zur Rede stehenden Frage meine Meinung folgendermaßen aussprechen:

Die gegenstandslose Kunst unserer Zeit setzt ein bestimmtes Weltbild voraus. Nach diesem steht das Dasein nicht in festen Strukturen von Bau und Beziehung, sondern hat den Charakter beständigen Werdens und Sich-Bewegens. Mensch und Welt sind potentiell, haben den Charakter einer immer neu sich bestimmenden Möglichkeit; so können sie aus dem Erleben des Künstlers heraus in freier Phantasie geformt werden. Ob diese Forderung nun bei bereits ausgebauten Naturgestalten, etwa dem Menschenkörper, ansetzt, wie bei Picasso; oder an weniger charakterisierten Gebilden, wie in den Amöben- und Lemurengestalten Baumeisters; oder an bloßen Linien, Flächen und Farben, wie bei Kandinski, hängt von der Radikalität des Gestaltungswillens ab.

Dieser Sachverhalt ist gemeint, wenn gesagt wird, die abstrakte Kunst stimme mit dem Weltbild der neuen Physik überein, nach welchem z.B. ein Ding nicht die feste Gestalt sei, wie die unmittelbare Erfahrung sie zeige, sondern ein Wirbel von Vorgängen; ein immer neu sich bestimmendes Gefüge von Relationen; doppelt beweglich, weil immer auch der Betrachter selbst in das Aufgefaßte hineinkomme. Entsprechend sehe auch der Künstler die unmittelbar gegebene Gestalt nicht als fest und verbindlich an, sondern greife in sie hinein, oder hinter sie, in die flutende Bewegtheit des Seins zurück und forme sie zum Ausdruck des von ihm Gemeinten.

Es ist also richtig, zu sagen, die gegenstandslose Kunst unserer Zeit ruhe auf einem bestimmten Weltbild. Nicht richtig aber wäre es, zu sagen, sie drücke notwendig eine bestimmte Weltanschauung aus.

Das wird daran deutlich, daß in ihr sehr verschiedene Weltanschauungen zum Ausdruck kommen. So steht z. B. auf der einen Seite eine entschieden christlich gemeinte Kunst abstrakten Stils, denken wir an Namen wie Rouault, Meistermann, Gies, Wendling. Auf der anderen Seite malen aber in der gleichen Formensprache auch ein Picasso oder Léger, die ihrem politischen Bekenntnis nach Kommunisten sind und schon von dort aus zur christlichen Weltanschauung im Widerspruch stehen müssen.

V.

Durch das Gesagte könnte die von seiten des Oberlandesgerichts unter a) gestellte Frage beantwortet werden; und zwar dahin, daß die gegenstandslose Kunst als solche nicht „schlechthin Ausdruck einer Weltanschauung" ist; vielmehr ein Stil, der in enger Beziehung zum modernen Weltbild steht.

Nun kompliziert sich aber die Sachlage; richtiger gesagt, sie verändert sich in ihrem Sinn. Denn der Nationalsozialismus hat die gegenstandslose Kunst als solche für den Ausdruck einer Weltanschauung angesehen. Damit hat er zwar die Sachlage mißverstanden – aber so, daß dadurch sein praktisches Verhalten in entscheidender Weise bestimmt wurde; und das nicht nur zufällig und vorübergehend, sondern grundsätzlich und dauernd.

Als Beweis dafür genügt die Erinnerung daran, daß 1937, um diese Stellungnahme propagandistisch einzuprägen, in München auf der einen Seite die Ausstellung im „Haus der deutschen Kunst", nicht weit davon aber die der „Entarteten Kunst" organisiert und letztere dann in verschiedenen Städten gezeigt wurde. Schon der Begriff einer „entarteten Kunst" beweist, daß es sich um eine weltanschauliche Bewertung handelte. Mit „Entartung" war nämlich nicht gemeint, bestimmte Kunstwerke seien nicht gekonnt oder dienten merkantilen Zwecken u. dgl., denn durch dieses Urteil wurden auch Künstler von unbezweifelbar hohem Rang, wie Barlach, Lehmbruck, Kokoschka, Klee, Corinth getroffen. Und ihre Werke wurden mit wirklich minderwertigen Werken unbedeutender Künstler zusammengeworfen, weil sie wie diese in gegenstandsloser Formensprache gestaltet waren. Was also der Begriff der Entartung meinte, war diese Formensprache als solche.

Warum sie aber für „entartet", d.h. für schlecht und schädlich erklärt wurde, zeigte sich an dem, was auf der anderen Seite der Von-der-Tann-Straße als artkräftig, gesund und wertvoll gezeigt war, nämlich einem künstlerisch durchaus kümmerlichen Verismus und Sentimentalismus, der aber die Natur abbildete und leicht ablesbare Werte kräftiger Vitalität und völkischer Gesinnung predigte, wie sie auch sonst in Propaganda und Erziehung als maßgebend aufgestellt waren.

Unter dem Einfluß dieser Bewertung, die nicht von künstlerischen, sondern von weltanschaulichen Gesichtspunkten ausging, wurde also die gegenstandslose Kunst ebenfalls und als solche zur Weltanschauung erklärt. Eine planmäßige Propaganda sorgte dafür, daß das, was an sich ein Kunststil bzw. ein Weltbild war, im Denken und Fühlen der Öffentlichkeit zu einem Ausdruck destruktiver und verdammenswerter Gesinnung wurde. Eine systematisch betriebene behördliche Praxis aber war tätig, den sie vertretenden Künstlern ihre Arbeit unmöglich zu machen und ihre bereits bestehenden Werke aus dem öffentlichen Raum auszutilgen.

Man kann über die genannte Kunstrichtung gewiß unterschiedlicher Meinung sein. Bei ihrer Beurteilung sprechen so viele Gesichtspunkte mit, daß sich Einwendungen mancher Art erheben können – Einwendungen, die nicht nur aus einer Rückständigkeit des Urteils oder einer „Bürgerlichkeit" des Gefühls kommen. Sicher ist aber auch, daß in dieser Kunstströmung mit die originellsten Persönlichkeiten und die kräftigsten kulturellen Antriebe des vergangenen halben Jahrhunderts wirksam sind. Namen wie Barlach, Nolde, Franz Marc, Macke, Picasso, Lehmbruck, Klee, Corinth, Mataré – um nur solche zu nennen, die auch dem Nichtfachmann ohne weiteres in den Sinn kommen – gehören in eine Reihe mit den stärksten Begabungen der Naturwissenschaft, der Dichtung, der Technik, der sozialen Arbeit.

Vergleicht man mit ihrem Werk die Kümmerlichkeit und Geistlosigkeit der vom nationalsozialistischen Regime geförderten Kunst, so wird klar, was dieses veranlaßte, die gegenstandslose Kunst unter Verruf zu stellen: es war die

Feindschaft des Ungeistes und der Gewalt gegen alles, was Geist und Freiheit heißt.

Man steht also vor dem verwirrten Phänomen, daß eine Formensprache als etwas verstanden wurde, was sie nicht ist; daß diese Auffassung aber durch die offizielle Propaganda dem allgemeinen Bewußtsein eingehämmert und durch die staatlichen Stellen zur Basis für Gewaltmaßnahmen gemacht wurde, die dann für viele bedeutende und ehrenwerte Künstler die verhängnisvollsten menschlichen, wirtschaftlichen und kulturellen Folgen hatten.

VI.

Zusammenfassend sind also die gestellten Fragen zu beantworten wie folgt:

a) Die gegenstandslose Kunst in sich selbst kann nicht Ausdruck einer Weltanschauung sein. Sie ist aber vom Nationalsozialismus als ein solcher angesehen worden.

b) Die gegenstandslose Kunst ist als Ausdruck einer nsfeindlichen Weltanschauung aufs nachdrücklichste bekämpft worden.

c) Der Nationalsozialismus hat grundsätzlich in jedem abstrakt malenden Künstler einen Feind gesehen. Er hat ihn nach Möglichkeit verdächtigt, in seiner Betätigung gehindert und ihn in seiner Existenz geschädigt.

Kultbild und Andachtsbild

Brief an einen Kunsthistoriker
[1937]

Verehrter Herr Doktor!
Gerade habe ich die schöne Arbeit gelesen, in welcher Sie den Wandel schildern, den Charakter und Haltung des Christusbildes von den Anfängen der christlichen Kunst an bis auf unsere Zeit erfahren haben. Sie zeigen, wie Gestalt und Szene in Bewegung kommen, Miene und Gebärde sich lösen, der Ausdruck individueller, das ganze Wesen menschlicher werden – und so fort; ich brauche Ihre Analysen ja nicht zu wiederholen. Sie sind belehrend und überzeugend; dennoch habe ich einen Einwand. Mir scheint nämlich, daß es sich in dem „Wandel", von welchem die Rede ist, nicht um einfache Verschiebungen und Veränderungen auf gleicher Ebene handelt. Ich glaube in dem, was „heiliges Bild" heißt, verschiedene Strukturen oder Phänomene zu erkennen, die nicht auseinander entstehen, sondern jeweils eigenen Wesens sind. Diese Phänomene möchte ich herausstellen.

Und zwar möchte ich das als Theologe und Philosoph tun, denn so fühle ich mich besser zu Hause – habe dazu noch den Vorteil, mir allerlei historische Fehler vorgeben zu dürfen. Ich will nämlich nicht von den einzelnen Erscheinungen der genannten Phänomene ausgehen, sondern von ihnen selbst und unmittelbar.

Dazu wähle ich die Methode der größten Unterschiede. Diese Methode ist wahrscheinlich sehr unhistorisch, wenn mir auch scheint, die Historie täte manchmal ganz gut, sie zu brauchen, weil sie dann manche Dinge viel besser und richtiger in den Blick bekommen würde. Statt dessen pflegt sie sich meistens auf das gegensätzliche Moment in der Wirklichkeit zu stützen: daß sich nämlich das Leben in beständiger Veränderung weiterbewegt, was ja wohl mit dem Begriff der „Entwicklung" ausgedrückt wird. Danach führen sehr kleine Übergänge von einer Erscheinungsform zur anderen, so daß der Eindruck eines geschlossenen Gesamtzuges entsteht – welcher Eindruck dann freilich in Zeiten der Wende aufgehoben und von dem des plötzlichen Durchbruchs verdrängt wird. Ich vermute aber, daß die Phänomene, um die es sich hier handelt, nicht von einander abgeleitet werden können; so werde ich ihrer am ehesten habhaft werden, wenn ich nicht nach den Übergangsstellen, sondern nach den Gipfelungspunkten suche, und dann Spitze mit Spitze vergleiche. Je entfernter diese von einander abliegen, desto deutlicher heben sie ihr Eigenwesen ab.

Stehen der Christus von Monreale und der ebenfalls mächtig an der Altarwand einer Kirche erscheinende Richter vom jüngsten Gericht der Sixtinischen Kapelle auf einer Linie? Führt ein fortgehender Weg von der Madonna in Torcello zur Assunta des Tizian? Haben die Gestalten auf den Längsfriesen in Sant' Apollinare in Classe die gleiche Wesensart wie jene auf Raffaels Disputa oder Dürers Allerheiligenbild? Sind das, was die beiden Gruppen trennt, bloß Unterschiede fortgeschrittener Zeit, entwickelterer Kultur, beweglicheren Fühlens, oder kommt in ihnen – die Gemeinsamkeit des christlichen Glaubens vorgegeben – wesentlich Verschiedenes zum Ausdruck?

Die Antwort müßte eigentlich in einer sehr eindringenden und weit verzweigten Untersuchung bestehen – schon deshalb, weil sich von hier aus die verschiedensten Fragen des religiösen Daseins, seiner Metaphysik, Psychologie und Soziologie und sofort aufrollen. An dergleichen kann ich hier natürlich nicht denken. Erlauben Sie mir also, es so zu machen, wie man sich wohl zu Hause auf einem Blatt Papier eine verworrene Frage zu klären sucht: man stellt letzte Orientierungspunkte heraus, betont die Gegensätze möglichst schroff und führt das Besondere bis zum Äußersten durch. Was dann herauskommt, ist zwar überall falsch, klärt aber den Blick.

Wir wollen den Christus von Monreale, die Madonna von Torcello, die Heiligen von Sant' Apollinare und was sonst noch an Mosaiken, Kirchenfenstern, Plastiken, Malereien von gleicher Art ist, *Kultbilder* nennen. Der Christus des Michelangelo hingegen, die Madonna des Tizian, die Gestalten Raffaels und Dürers und alles, was mit ihnen verwandt ist, sollen *Andachtsbilder* heißen. Das zweite Wort ist leider nicht gut, denn es enthält gegenüber dem hohen Anspruch des anderen einen etwas abwertigen Ton; ich finde aber kein besseres ... Wie unterscheiden beide Gruppen sich voneinander?

Ein Historiker würde wahrscheinlich sagen, das Kultbild setze eine frühe Kulturstufe voraus. Darin sei das Innenleben noch gebunden, und das Gesamtbewußtsein stärker als das Einzelbewußtsein. Die Welt sei vom Menschen noch nicht unterworfen und enthalte daher viel Schreckendes. Der Einzelne sei seiner selbst nicht sicher und könne sich die freie individuelle Bewegung noch nicht gestatten. So bedürfe er der beschwörenden Mächte und schützenden Formen usw. Diese Gesamtsituation finde im Kultbild ihren religiösen Ausdruck. Im Maße sie sich löse und das Leben freier werde; im Maße der Schritt sich festige, das Gefühl der eigenen Kraft wachse, der Mensch seines Daseins und seines Werkes froh werde, wandle sich auch der Charakter des religiösen Gefühls und drücke sich in dem aus, was wir das Andachtsbild nannten ... So würde er wohl sagen, und hätte zweifellos in vielem recht. Damit wären wir aber wieder bei den Übergängen, während wir doch von den Zentren der Phänomene ausgehen wollten. Versuchen wir es also folgendermaßen.

Das Kultbild geht nicht vom menschlichen Erleben, sondern vom objektiven Sein und Walten Gottes aus – womit ich kein tatsächliches, gar bewußt überlegtes Verfahren des Künstlers, sondern den Sinnkeim des Vorgangs meine. Gott ist. Er ist der Eigentliche. Ja, er „ist" allein, kann doch schon das Wort „Sein" von Ihm und vom Geschöpf nicht im gleichen Sinne gebraucht werden. Die Welt ist sein Werk.

In ihr waltet er nach seinem Willen; leitet die Bewegungen der Dinge; führt die Geschichte der Menschen. Dieses göttliche Walten verdichtet sich im Werk seiner Gnade. Da durchwohnt Er nicht nur die Welt, sondern kommt in sie. Er wirkt nicht nur in ihr, sondern handelt. Das geschieht durch seine Worte und durch seine „Großtaten"; zuletzt und endgültig durch seine Menschwerdung in Christus. Christus stiftet die Heilsveranstaltung der Kirche und führt sie, auferstanden und im Geiste waltend, durch die Geschichte. Von dieser Wirklichkeit und diesem Heilswalten Gottes geht das Kultbild aus. Es stellt sich Dem, der da ist, zur Verfügung, auf daß Er, wenn es Ihm gefällt, durch es reden könne. Es macht sich zum Organ der *Oikonomia* des Heils. Es ist so geformt und hält sich so, wie es diesem Zusammenhang entspricht.

Das Andachtsbild geht vom Innenleben des gläubigen Einzelnen aus – des Künstlers und des Auftraggebers, die selbst wiederum für den Einzelnen überhaupt stehen. Es geht vom Innenleben der gläubigen Gemeinschaft aus, des Volkes, der Zeit mit ihren Strömungen und Bewegungen. Von der Erfahrung, die der Mensch glaubend und aus dem Glauben lebend macht. Auch es meint Gott und sein Walten, aber als Inhalt menschlicher Frömmigkeit. Während also das Kultbild auf die Transzendenz gerichtet, genauer gesagt, aus der Transzendenz herzukommen scheint, geht das Andachtsbild aus der Immanenz, aus der Innerlichkeit hervor.

Wir sind gewöhnt, das Religiöse mit der Innerlichkeit gleichzusetzen; solange wir das tun, können wir mit dem echten Kultbild nichts anfangen, denn das hat keine „Innerlichkeit". Wieder genauer gesagt: keine menschliche, psychologische. Wenn man schon von Innerlichkeit reden wollte, dann müßte man zu sagen wagen, in ihm mache sich die göttliche fühlbar, der Bereich der Entrücktheit, die Sphäre des „Himmels" – entsinne ich mich recht, dann lehren die alten Ikonenmeister auch tatsächlich so. Damit hängt es auch zusammen, daß das Kultbild keine „Psychologie“ im gewöhnlichen Sinne des Wortes hat; es hat Wirklichkeit, Wesenheit, Macht. Hier gibt es nichts zu analysieren und zu „verstehen“, sondern ein Waltendes tut sich kund und wenn der Mensch es richtig vernimmt, dann verstummt er, schaut, betet an.

Ein Kultbild und ein Andachtsbild, die ganz so geartet wären, wie hier gesagt, gibt es nun natürlich nicht. In der Wirklichkeit finden sich keine reinen Typen. So wird der Historiker mit lebhaftem Unbehagen an die Pfuschereien denken, die mit solchen Gegenüberstellungen im Geschichtsverständnis angerichtet werden können. Ich beruhige mich aber damit, daß Sie, verehrter Herr Doktor, ein wirklicher Historiker sind; einer also, dem es nur um die Wahrheit geht, und der nach ihr greift, wo immer er sie findet. So werden Sie diese Begriffe vielleicht als brauchbare Hilfswerkzeuge verwenden ... Entsprechendes wäre auch nach der religionsphilosophischen und theologischen Seite zu bemerken. Da wäre es nicht der korrekt messende Dogmatiker, den ich mir als Leser wünschte, sondern einer, der den Versuch sieht und die Frage weiterführt. Das sei also ein für allemal gesagt.

Der Sinn des Kultbildes ist, daß Gott gegenwärtig werde. Diese „Gegenwärtigkeit“ näher zu bestimmen, ist schwer. Der Gläubige wird natürlich, auf das Bild hindeutend, nicht sagen: „das ist Christus“. Wenn es aber ein echtes Kultbild, und er fähig ist, es richtig zu sehen, dann wird er auch nicht bloß sagen: „das stellt Christus dar“. Was er meint, ist ein Drittes, Anderes. Das neuzeitliche Empfinden pflegt angesichts solcher Aussagen sofort von „Verdinglichung“ des Religiösen, Magie und Theurgie zu sprechen und vertritt ihnen gegenüber eine „geistige“ Anschauung. In Wahrheit hat es durchaus keine höhere Haltung gewonnen, sondern ein Organ verloren – das Organ für eben dieses Besondere.

Man mag es das Organ für das Mysterium nennen, oder für das Liturgische, oder, allgemeiner gesagt, für das Symbol. Worum es sich handelt, ist eine eigene, von anderem nicht ableitbare Form der Vergegenwärtigung: die durch das heilige Bild. Sie wird durch einen besonderen Akt aufgefaßt: das Innewerden der göttlichen Gegenwart im Bilde – oder wenigstens der Möglichkeit dieser Gegenwart; ihre Erwartung, ihre Ahnung. Auf die antwortet eine besondere Haltung: Ehrfurcht, Erschütterung, Anbetung, Scheu und zugleich hindrängendes Verlangen.

Das Andachtsbild will nicht so sehr die heilige Wirklichkeit selbst, als vielmehr die erfahrene Wirklichkeit zum Ausdruck bringen. In ihm kommt die Erfahrung als solche zur Geltung; so sehr, daß sie das Übergewicht über den Gegenstand der Erfahrung zu bekommen strebt. Infolgedessen fühlt sich der Fromme, so gewaltig, so tief, so innig das Andachtsbild auch sein mag, vor ihm und mit ihm zusammen im menschlichen Bereich. Was da redet, ist der Mensch. Der glaubende, von Gott ergriffene, an Gott hingegebene, gewiß, aber eben doch der Mensch ... Vor dem echten Kultbilde fragt man nicht: warum empfindet der Künstler das so; was für eine Zeitstimmung und welches Temperament sprechen aus dem Bilde? Der Eindruck ist übergeschichtlicher Art. Etwas Absolutes und Ewiges scheint hervorzutreten. Man fragt nicht: wer hat das gemacht; wie hat er es angefangen; was hat er geleistet? Das Menschenwerk tritt zurück. Die heilige Gegenwart herrscht. Vor dem Andachtsbild hingegen fühlt man die Persönlichkeit eines bestimmten Menschen. Was erschüttert und überwältigt, ist die Wucht des im Bilde sich ausdrückenden Erlebnisses und die Größe des Werkes; so steht man im Einverständnis, Mensch vor Mensch. Psychologie und Historie sind am Platz. Und ebenso Ästhetik, Verständnis und Kennerschaft, denn hier kommt das Werk als solches zu Bewußtsein. Auf ein echtes Kultbild wird der rein Empfindende nicht leicht den Begriff des „Kunstwerkes“ anwenden; wenigstens wird er ihn durch Wort und Ton näher bestimmen. Der Mann, der ein Kultbild schafft, ist kein „Künstler“ in unserem Sinne. Er „schafft“ nicht, wenn wir das Wort so nehmen, wie wir es zu brauchen pflegen, sondern er dient. Ihm wird gezeigt, er empfängt

Unterweisung und Auftrag, und er macht das Bild, wie es sein soll, damit die heilige Vergegenwärtigung möglich werde. Im Andachtsbild hat der Mensch eine ganz andere Initiative. Seine persönliche Erfindungs- und Gestaltungskraft ist ganz anders beteiligt. Er will nicht den Ort bereiten, wo die Gegenwart vortreten könne, sondern darstellen, was seine Phantasie gestaltet; ausdrücken, was sein Herz empfindet – eben „ein Kunstwerk schaffen". Dem entspricht die Haltung des Betrachters: er bewundert das Bild, versteht es, würdigt es, reiht es in den Zusammenhang menschlichen Schaffens überhaupt ein.

Das Kultbild enthält etwas Unbedingtes. Es steht im Zusammenhang mit dem Dogma, dem Sakrament, der objektiven Wirklichkeit der Kirche. Man könnte verstehen, wenn der Künstler, der Kultbilder schaffen will, eines *ordo,* einer Beauftragung durch die Kirche bedürfte. (Vielleicht kennen Sie die Novelle „Der versiegelte Engel" von Nikolai Lesskow? Ich weiß nichts, was zur Erfassung der Ikone – und die ist ja ein Kultbild – besser hülfe, als diese meisterhafte Erzählung.) Im Kultbild setzt sich das Dogma fort; die objektive, nicht aus dem „Erlebnis", sondern aus der Darstellung, Auslegung und Entfaltung der heiligen Lehre hervortretende Wahrheit. Es ist mit der Theologie verschwistert, und ein Bild kann von hier aus objektive Häresie sein. Im Kultbild setzt sich das Sakrament fort, das *opus operatum* der Gnade. Ihm naht der Gläubige als wie einer heiligen Macht – die sich natürlich nicht, wie es der neuzeitliche Subjektivismus ausdrückt, „zwischen ihn und Gott" stellt, denn es ist ja Macht Gottes selbst, um die es sich handelt; auch nicht die Personalität des Menschen ausschaltet, denn diese Macht wendet sich ja an die Person, wohl aber die Struktur einer in sich stehenden, anrufenden, wirkenden Initiative hat.

Ganz anders das Andachtsbild. Es steht im Zusammenhang mit dem persönlichen christlichen Leben. In ihm setzen sich das Denken des Glaubens, das innere Ringen und Suchen, die Aufgaben und die Not des Daseins fort. Es fügt sich in den Unterricht ein und vermittelt Belehrung. Es gehört zur Seelsorge, bringt Erbauung und Trost. Es dient der religiösen Erziehung; stellt gültige Bilder gläubiger Menschlichkeit hin; beeinflußt und formt das empfängliche Leben.

Das Kultbild hat Autorität. Es ist *Kerygma.* Es verkündet: daß Gott ist. Es befiehlt: daß der Mensch anbete. Es wirkt: Erhörung, Erschütterung, Befreiung, in letzter Möglichkeit Wunder. Es hebt den Menschen aus dem eigenen Raum in einen anderen über ihm; in eine Ordnung voll Macht. Darin geschieht etwas mit ihm: er wird gereinigt, geordnet, erneuert, umgewandelt. Dann wird er wieder in sein tägliches Dasein hinaus entlassen; bekommt aber etwas mit: den Befehl und die Kraft. Auch hier redet die Neuzeit von falscher Unmittelbarkeit, Verdinglichung, Zauberei. Wieder ist die Antwort, daß man ein Element des gläubigen Daseins nicht erledigt, indem man seine Entartungen anführt. In Wahrheit gibt es dieses Element im christlichen Dasein, und die Frage kann nur sein, wo sein Sinn liege, und wie es richtig gebildet und eingeordnet werde.

Das Andachtsbild hat keine Autorität, sondern nur die Kraft seines inneren Seins und Lebens. Es steht nicht so über dem gläubigen Menschen, als ob es von über ihm her spräche, grundsätzlich also, sondern nur tatsächlich, sofern es eine Steigerung dessen bildet, was, weniger rein und stark, im betrachtenden Menschen selbst lebt. Wohl führt es ihn über sich selbst hinaus, aber in seiner eigenen Linie. Es verhält sich pädagogisch zu ihm; verdeutlicht ihm sein Inneres. Es läßt ihn fühlen, daß er weiterkommen solle und könne. Es macht ihm das Chaos des Daseins gangbar und hilft zum Gehen. Es stellt sich zu ihm, zeigt ihm Möglichkeiten und löst die inneren Kräfte der Verwirklichung.

Das Kultbild ist heilig, im strengen Sinne des Wortes. Nicht bloß ethisch, sondern religiös. Und religiös nicht im Sinne persönlicher Frömmigkeit, sondern objektiv, im Sinne numinoser Majestät. In ihm wird das *tremendum* fühlbar; das Unzugängliche, Herrlich-Furchtbare. Es bringt dem

Menschen zu Bewußtsein, daß er, im strengen Sinne des Wortes, Geschöpf ist. Es zieht die Grenze. Von ihm kommt der Ruf: „Löse die Schuhe von deinen Füßen!" Es verbietet jedes Sichgehenlassen und ordnet den Menschen in die geschöpflich-sakrale Haltung. Weil es selbst heilig ist, heiligt es den, der zu ihm tritt, oder treibt ihn zurück. Weil es fern ist, weist es dem Herantretenden seinen Ort an. Es wirkt Ordnung.

Das Andachtsbild hingegen ruht auf den Beziehungen der Ähnlichkeit und des Überganges. Es schlägt Brücken. In ihm kommt das Göttliche herab, und das Menschliche steigt hinauf. Vor ihm ist Vertrautheit möglich, Dabeisein. Es ruft zum Hinein- und Hinüberleben. Die Innerlichkeit des Menschen setzt sich in das Bild hinein fort, und das Bild kann von der Innerlichkeit aufgenommen, eingeeignet, zu einem Stück des eigenen Daseins gemacht werden.

Der zugehörige Ort des Kultbildes ist das Heiligtum, das Abgeschiedene und Geschlossene. Zu ihm geht man hinein; von ihm geht man wieder hinaus. Die Pforte wird fühlbar, die sich öffnet und schließt. Zu ihm kommt man von weither. Man pilgert zu dem Orte, wo das Heiligtum steht, und kehrt dann wieder, berührt und begnadet, in Heimat und Wohnung zurück. Es ist bedeutungsvoll, daß zum „Gnadenbild" – einer Form des Kultbildes – oft eine Entstehungslegende gehört, wonach es an diesen Ort vom Himmel gefallen oder von fern hergebracht worden ist. Es hat an diesen Ort gesollt, war hierhin beschieden. Oder es hat mit einer geheimnisvollen Selbständigkeit hingewollt. Hier waltet es und hier soll es aufgesucht werden.

Das Andachtsbild steht wohl auch in der Kirche, aber sofern sie Ort religiösen Erfahrens, Stätte der Erbauung ist und sich nicht wesentlich, sondern nur gradweise vom „stillen Kämmerlein" unterscheidet. So trägt das Kommen und Weggehen, welches zu ihm hin- und von ihm wegführt, keinen qualitativen, sondern nur einen raum-zeitlichen Charakter. Es enthält nicht den „Schritt über die Grenze", der auf dem Weg zum Kultbild vollzogen werden, sondern bedeutet nur die Tatsache, daß man zu dem, was anderswo ist, eben hingehen muß.

Das setzt sich folgendermaßen fort: Das Kultbild ist der „öffentlichen" Sphäre zugeordnet und steht daher an offizieller Stätte, in der Kirche, die ja, kanonisch gesprochen, öffentlichen Rechtes ist. Es gehört weder in die allgemeine, noch in die private Sphäre. Darum kann es weder „irgendwohin", „ins Freie" gestellt, noch auch „nach Hause" mitgenommen werden. Wohl wird es auf den Markt hinaus und über die Felder hingetragen; da bleibt es aber nicht, sondern kehrt ins Heiligtum zurück. Auch im häuslichen Bereich kann es als das, was es ist, eigentlich nicht bleiben. Wo es aber im Hause steht und richtig empfunden wird, bildet es sofort eine sakrale Enklave: eine ausgesonderte Wandstelle, einen Winkel, eine Kammer, die sich sinngemäß nicht mehr im Hause als Wohnstätte befinden, sondern in Fortsetzung zum Heiligtum stehen und durch eine feine, aber scharfe Linie vom übrigen Gebrauchsraum abgeschieden sind.

Der Raum des Andachtsbildes hingegen steht von vornherein in Fortsetzung zum privaten. Sofern es sich in der Kirche befindet, ist diese nicht sosehr die ausgesonderte und geweihte Stätte des Gottesgeheimnisses und der offizielle Ort der objektiv verfaßten Gemeinde, als vielmehr das Heim der betenden Gemeinschaft und des andächtigen Einzelnen. So kann das Bild ohne weiteres in die private Sphäre hinübergetragen oder von vornherein in sie eingefügt werden. Es kann „zu Hause", im Wohnraum sein; und nicht nur tatsächlich, was auch bei der Ikone an der Wand oder einem vor der Zerstörung geretteten Bilde der Fall wäre, sondern sinnhaft. Es steht von vornherein im Raum des Menschen und ist dessen Gefährte. Es teilt sein Leben, und der Gläubige fühlt sich in ihm ausgedrückt.

Das echte Kultbild stammt aus dem Heiligen Geiste, dem *Pneuma.* Damit soll nichts Überspanntes und Phantastisches behauptet werden – wie mir denn überhaupt sehr viel daran läge, daß Sie, verehrter Herr Doktor, das, was ich hier über das Kultbild sage, nicht mit jenem peinlichen

Snobismus zusammennehmen, der nur das „Sakrale“, „Objektive“, streng Stilisierte gelten läßt; das Primitive, ja Barbarische über das Kultivierte stellt und überall verrät, daß es ihm im Grunde ebensowenig auf Gott ankommt, wie dem von ihm so heftig verabscheuten künstlerischen Subjektivismus und Liberalismus. Worum es mir hier geht, sind weder Liebhabereien noch überhaupt Wertungen. Ich möchte zwei Grundformen des Erfahrens und Sichhaltens deutlich machen, die im Ganzen der christlichen Kunst zur Geltung kommen – bekenne allerdings, daß meine besondere Verehrung und Liebe der ersteren gehört, und mein Wunsch darauf geht, unser kirchlich-künstlerisches Leben möge wieder stärker von ihr bestimmt werden ... Ich kehre zurück: das Kultbild steht in einer besonderen Beziehung zum pneumatischen Hauch. Natürlich wird es als Werk durch künstlerische Kraft hervorgebracht, die selbst Sache der Begabung ist; auch die Inspiration des religiösen Künstlers ist ein Teil des menschlichen Schöpfertums. Weiter ist zuzugeben, daß jeder wirklich gläubige Maler oder Bildhauer, der die Inhalte der Offenbarung und des christlichen Daseins gestalten und damit nicht nur ein Kunstwerk, sondern ein Element der neuen Schöpfung schaffen, also als Künstler Christ sein will, der Gnade, des Heiligen Geistes bedarf. Das Kultbild steht aber in einem besonderen Sinne unter dem Walten des Geistes; dient seinem Werk in der Kirche – der Weise entsprechend, wie das Denken ihm dient, wenn es echte Theologie treibt; siehe die Stelle im Buche Exodus, wo gesagt ist, daß der Herr „mit Namen“ die Männer berief, welche die Stiftshütte ausführen sollten: „mit Gottes Geist erfüllte er [sie], mit Kunstsinn, mit Einsicht und Wissen um jegliches Werk, und um Pläne zu ersinnen, um in Gold, Silber oder Kupfer sie auszuführen, Steine zu schneiden, um Bildnereien damit zu besetzen, Holz zu schnitzen, kurz Werke jeder Art kunstvoll auszuführen. Auch die Gabe der Unterweisung hatte er (ihnen) ins Herz gelegt.“ (35,31–34) Es ist ein objektives Geisteswalten, das einem über den Einzelnen hinausgreifenden Gesamtzusammenhang, der heiligen Gottesplanung zugeordnet ist, und den Schaffenden in deren Dienst stellt, ähnlich wie es der Geist der Prophetie mit dem Seher tut. (Vielleicht ist es erlaubt, unter den *Charismata* des Pfingstfestes, von denen Paulus im zwölften Kapitel des ersten Korintherbriefes spricht, auch die Gabe heiliger Kunst zu erblicken.) Von hierher stammt das bei stärkstem Selbsteinsatz eigentümlich Unpersönliche der großen Kultbild-Schöpfung. Sie ist unpersönlich wie das Prophetenwort.

Auch das echte Andachtsbild kommt aus heiliger Berührtheit. Wenn das gleiche Kapitel im Korintherbrief sagt, daß wir nicht einmal sprechen können „Herr Jesus“, es sei denn „im Heiligen Geiste“, wenn wir nicht beten können, es sei denn, Er lehre uns, dann kann auch der christliche Künstler der anderen Art nur schaffen, wenn er berührt ist. Aber diese Berührung geschieht aus seinem Individuellen heraus. Sie läuft nicht auf der Bahn der objektiven Ordnungen, der geheiligten Tradition, des gültigen Typus, sondern auf der des persönlichen Erfahrens und der besonderen Veranlagung, und verschmilzt ganz anders mit dem individuellen schöpferischen Impuls. Aus dem Kultbild redet der Geist, wie er in der Kirche als Ganzheit waltet, darauf gerichtet, Gemeinde zu formen, Geschichte zu führen, Weltgestalt zu verwirklichen; im Andachtsbild waltet der gleiche Geist, aber sofern er die Unmittelbarkeit der Beziehung zwischen dem menschlichen Ich und Gott, das „Gott und meine Seele, sonst nichts“ hervorruft, und die verschlungenen Wege der Einzelvorsehung führt.

Ein schlimmes, aber sehr scharfes Licht empfängt jedes Phänomen aus der ihm eigenen Möglichkeit der Zerstörung. Wenn das Kultbild entartet, dann wird es starr, leer, kalt. Seine Erhabenheit wandelt sich in Leblosigkeit. Es verliert die Beziehung zum wirklichen Dasein. Es vertrocknet zum Schema, zur Allegorie, zur bloßen Anmerkung abstrakter Begriffe. Oder aber es wird in böser Weise lebendig. Es gleitet ins Magische. Die in ihm fühlbare Kraft wird vom menschlichen Machtwillen mißbraucht.

Sie wird als Weltfaktor genommen und Zwecken dienstbar gemacht. Das Bild wird zum Idol. Die echte Kategorie, von der wir oben sprachen, wird verfälscht. Der Dämon macht das Bild zu einem Mittel der Verführung in die Welt hinein. Das braucht nicht so ausdrücklich zu geschehen, wie bei jenem Marienbilde, das in einem indischen Tempel auftauchte und als Göttin verehrt wurde – es kann im christlichen Leben selbst wirksam werden; als eine Gefährdung der Ehre, die dem lebendigen Gott gebührt; als jener innere Paganismus, der manchmal vom christlichen Gewissen im religiösen Volksleben empfunden wird, wenn es all zu sehr einer erleuchteten Erziehung entbehrt.

Die Entartungsmöglichkeiten des Andachtsbildes gehen in eine andere Richtung. Vor allem dahin, daß in ihm selbst sowohl wie im Bewußtsein des „Betrachtenden“ die Werkwerte überwiegen: die künstlerische Leistung, die Sicherheit oder Differenziertheit der Psychologie, die Schönheit, das Interessante und Ästhetische in jeder Form. Dann gleitet es einfach ins Profane ab. Oder aber es erfährt eine noch bösere Entartung: wenn das Religiöse selbst zum Gegenstand des Genusses wird, und jene Verbindung des Religiösen, Ästhetischen und Sinnlichen entsteht, die zum Schlimmsten gehört, was eine dekadente Kultur hervorbringen kann.

So wäre noch manches anzuführen. Vor allem wäre nach den genaueren Kategorien zu fragen, ästhetischen sowohl wie religiösen und theologischen, welche die beiden Grundformen bestimmen, wodurch auch die Frage aufgerollt würde, wie das christliche Kultbild zum außerchristlichen steht; nach ihren sozialen Grundlagen undsoweiter. Hier ist alles im Ungefähren geblieben, und ich muß mich dabei bescheiden.

Vielleicht stimmen Sie, verehrter Herr Doktor, mir nun bei, wenn ich hier zwei verschiedene, selbständige Phänomene sehe, deren keines vom anderen abgeleitet werden kann. Was aber die historische Aufeinanderfolge angeht, so kann sie wohl nur so verstanden werden, daß das eine seine Zeit gehabt hat, als innerer Impuls müde geworden, als objektive Aufgabe ausgeschöpft ist und zurücktritt, während das andere seine Zeit beginnt, im Inneren der Schaffenden als Motiv wirksam und im ganzen als Aufgabe deutlich wird.

Eine andere Frage möchte ich wenigstens berühren. Die Geschichte scheint zu zeigen, daß das Kultbild in besonderer Weise frühen Perioden zugeordnet ist – denken wir an den Begriff des Archaischen – während das Andachtsbild in späteren Zuständen auftaucht. So finden wir echte Kultbilder in der frühchristlichen, in der romanischen, und noch in der ersten gotischen Kunst; dann dringt das Andachtsbild vor. Allerdings kann man bei einem Grünewald, der alle Mittel der Gotik noch einmal zusammenfaßt, wieder von einem echten Kultbild sprechen; freilich in einer höchst differenzierten und eben damit ein wenig problematischen Form. Nachher scheint es ganz zu verschwinden und nur noch in der Form des „Gnadenbildes" auf[zu]tauchen, das aber, streng genommen, überhaupt nicht unter die Gesichtspunkte der Kunst gestellt werden darf, vielmehr ganz religiösen Kategorien zugehört. (Dazu eine – sehr ehrerbietig gemeinte – Parallele. Oft fällt die Puppe, die das Kind besonders liebt, unter keinerlei Maßstäbe der Naturtreue oder des Geschmackes mehr, sondern ist häßlich, vielleicht ganz formlos. Sie ist aber mit der Zärtlichkeit und, darüber hinaus, mit dem Daseinserlebnis des Kindes erfüllt und gilt ihm ohne allen Vergleich mehr als das kunstvollste Erzeugnis des Kunstgewerbes. Entsprechendes liegt für das Empfinden des Volkes vor, wenn das Gnadenbild gar keine ästhetischen Werte aufweist, aber von tiefen, durch lange Zeit aufgespeicherten und mit dem Grunderlebnis des Daseins zusammenhängenden religiösen Qualitäten gesättigt ist. Der gebildete Spott über die Häßlichkeit mancher Wallfahrtsbilder ist nicht nur ehrfurchtslos, sondern auch sehr unwissend.)

So entsteht die Frage, ob für uns überhaupt noch ein Kultbild möglich sei? Die Frage ist schwer, denn sie hängt mit der Krise der Kunst überhaupt zusammen, die offenbar einen neuen Ort sucht und damit einen anderen Charakter annehmen muß – und ebenso mit der Krise des religiösen Lebens. Beide aber sind ihrerseits mit der Umformung des gesellschaftlichen Daseins verknüpft. Daß der Wunsch nach dem Kultbild empfunden wird, scheint sicher. Er steht im Zusammenhang mit jener Bewegung, die wir die liturgische nennen; dem Verlangen also, aus dem neuzeitlichen Subjektivismus heraus in ein seinsmäßig vom Werden der neuen Schöpfung bestimmtes christliches Leben zu kommen. Die Tatsache, daß die soziologische Struktur sich aus der individualistischen in die ganzheitliche wandelt, setzt den Sachverhalt ins Allgemeine fort. Ebenso die andere, daß unser Geistesleben den Schwerpunkt vom Problem weg auf das Prinzip, vom Suchen auf das Bauen, vom Psychologischen auf das Ontische zu rücken scheint. So darf man vielleicht nicht nur den Wunsch, sondern auch die Möglichkeit annehmen, daß wieder ein Kultbild entstehen könne. Freilich würde dazu eine entsprechende innere Erfahrung gehören – „Erfahrung" nicht im Sinne religiöser Bewegtheit, sondern eines echten Darangeratens an die Wirklichkeit Christi und Gottes verstanden. Damit sind wir aber bei einer Frage der religiösen Bildung angelangt: in welcher Weise nämlich das Psychologische, Rationalistische, Moralisch-Zweckhafte, Religiös-Organisatorische und Technische zur Seite geschoben, und der Glaubende wieder an die Wirklichkeit Gottes, an die Wirklichkeit Christi, an die Wirklichkeit der werdenden neuen Schöpfung herangeführt werden könne.

Doch komme ich weit von unserer Frage ab, und überlasse Ihnen, verehrtester Herr Doktor, was ich hier herauszuholen suchte. Es wäre schön, wenn die Historie, großmütig die begangenen geschichtlichen Fehler übersehend, herausfände, daß sie damit etwas anfangen kann.

Darauf hoffend, grüße ich Sie in alter Verbundenheit

Romano Guardini

Das religiöse Bild und der unsichtbare Gott
[1956]

1.

Bevor man über die theologischen Grundlagen der christlichen Kunst spricht, tut man gut, sich die Warnungszeichen zu vergegenwärtigen, die aus der Offenbarung selbst und dann aus der christlichen Geschichte kommen.

Da ist vor allem die gewaltige Gebärde der Abwehr, die sich im Alten Testament erhebt. Das erste der Zehn Gebote sagt: „Ich bin der Herr, dein Gott ... du sollst keine fremden Götter neben Mir haben. Du sollst dir kein [Gottes-]Bild verfertigen; kein Abbild von dem, was im Himmel droben und auf der Erde drunten, oder im Wasser unter der Erde ist. Du sollst dich vor ihnen nicht niederwerfen und ihnen nicht dienen“ (Dtn 5,6–9). Von Gott darf also kein Bild gemacht, von keinem Ding der Schöpfung darf die Hilfsvorstellung dazu genommen werden; das aber, um dem Bild zu „dienen“, Ihm göttliche Ehre zu erweisen. Das Gebot ist denn auch befolgt worden. Weder im Bundeszelt noch im Tempel stand ein Gottesbild. Das Allerheiligste war, bis auf die Bundeslade mit ihrem unmittelbaren Zubehör, ganz leer.

In enger Beziehung zum ersten Gebot steht das zweite, welches sagt: „Du sollst den Namen des Herrn, deines Gottes, nicht ungemäß brauchen, denn nicht läßt der Herr den ungestraft, der Seinen Namen mißbraucht.“ (Dtn 5,11) Auch dieses Gebot ist durchgeführt worden, so streng, daß der Gottesname, der auf dem Berge Horeb geoffenbart wurde – „Jahwe“, in Übersetzung: „Der Ich-bin“ – überhaupt nicht gebraucht, vielmehr an seiner Stelle Umschreibungen verwendet wurden.

Beide Gebote haben den gleichen Sinn. Das erste richtet einen unübersteiglichen Wall gegen die Religionsübung der umgebenden mythischen Kulturen, gegen das Idol in allen seinen Formen auf. Das zweite aber schützt den heiligen Namen vor dem Versuch, durch ihn auf Gott selbst Hand zu legen. Denn für das alte Bewußtsein war der Name das Benannte selbst; so hielt man den, der ihn kannte, für fähig, durch ihn Macht über das Benannte auszuüben. Gott sollte also den Glaubenden als der schlechthin Enthobene, der unantastbare Herr ins Herz geprägt werden. Die Mahnung war um so dringlicher, als das ganze alttestamentliche Bewußtsein durch die Gegenwart des Gottes bestimmt wurde, der mit dem Volk durch die Wüste gezogen war und im Tempel Wohnung genommen hatte. Sie sollte von jeder Verunreinigung durch Mythos und Magie freigehalten werden.

Was aber das Neue Testament angeht, so fehlt in ihm die Mahnung nicht, Gott könne in kein Bild gefaßt werden. Seine Welt ist ganz von der christlichen Urtatsache beherrscht, daß der ewige Sohn Mensch geworden ist; so muß man die Mahnung an seine Enthobenheit an verborgeneren Stellen suchen. Etwa in den schönen Worten des ersten Timotheusbriefes, welche vom „seligen, alleinigen Gebieter" reden, „dem König der Könige, dem Herrn der Herrschenden, der allein Unsterblichkeit hat; der da wohnt in einem Licht, zu dem niemand Zugang hat, und den kein Mensch [von sich aus] gesehen hat noch sehen kann" (6,15–16). Oder im Epheserbrief, wo Paulus sagt, daß „die Liebe Christi alle Vernunft übersteigt" (3,19).

Im Lauf der Geschichte erhebt sich dann die Warnung vor den Gefahren der Bildlichkeit immer wieder. Im ausgehenden christlichen Altertum bricht ein heftiger Kampf gegen die religiösen Bilder aus, verbindet sich mit politischen Absichten und führt zu ausgedehnten Zerstörungen religiöser Kunstwerke, wie auch zu heftigen Verfolgungen solcher, die die Bilder verteidigen ... In der Reformation, besonders im Umkreis des Calvinismus, kehrt der bilderfeindliche Affekt wieder, vernichtet kostbare Werke der christlichen Kunst und schreitet stellenweise bis zu einer Ablehnung der Musik im religiösen Raum fort ... Im 19. und 20. Jahrhundert zieht die Ablehnung des Bildes seine äußersten Konsequenzen, sofern sie sich nicht nur gegen die malerische und plastische Vergegenwärtigung heiliger Gestalten, sondern auch gegen jede Aussage über Gott und positive christliche Inhalte richtet.

In diesen Bewegungen laufen Motive verschiedenster Art zusammen. Das Gewissen der Frühzeit wehrt sich gegen die Gefahr, die Verehrung des religiösen Bildes könne aus ihm ein Idol machen; eine Möglichkeit, die sich in einer noch überall von heidnischen Haltungen durchsetzten Welt nicht selten verwirklicht haben mag. Dazu kam ein vom neuplatonischen Denken kommender Spiritualismus, der jede körperliche Gestaltung als Abfall vom Eigentlichen ansah ... In der Reformation erhob sich das christliche Gefühl gegen eindringende antike Bildlichkeit, unter deren Einfluß die Renaissance zuweilen geneigt war, die Gestalten der Heilsgeschichte dem Geist und der Haltung nach mit denen mythischer Heroen zu verquicken ...

Was endlich die bildfeindlichen Motive der jüngsten Neuzeit angeht, so führen sie die reformatorische Tendenz, das Christliche aus jedem nennbaren Zusammenhang mit der Welt herauszunehmen, zum Äußersten, so daß der Akt des Glaubens wie auch die Aussage über seine Inhalte den Charakter des reinen Vertrauenswagnisses, ja des Paradoxes annimmt.

2.

Daß sich hier wichtige Momente zu Worte melden, ist für niemanden zweifelhaft, der weiß, wie Geschichte vor sich geht; die grundsätzliche Ablehnung des religiösen Bildes aber widerspricht der Intention der Offenbarung.

Was das Alte Testament angeht, so darf nie vergessen

werden, daß die Bildverbote im Zusammenhang mit der klar formulierten Warnung vor dem Anbetungsdienst am Gottesbild, das heißt also, vor dem heidnischen Verhältnis zum Idol stehen. Die religiöse Bildlichkeit wird nicht als solche abgelehnt. Das geht aus einem wichtigen und, wie mir scheint, nicht genug gewürdigten Umstand hervor: der Offenbarung nämlich, daß Gott an einer bestimmten, im irdischen Raum angebbaren Stätte anwesend wird beziehungsweise in einem von menschlicher Hand errichteten Gebäude wohnt. Das besagt nicht nur, daß Gott, wie überall, so auch an diesem Ort gegenwärtig ist, sondern daß sich hier das Geheimnis einer ausdrücklichen, personalen Präsenz verwirklicht. Davon spricht das Alte Testament in der deutlichsten Weise. So zum Beispiel in der Genesis, wo vom Traum Jakobs die Rede ist: „Und er begann sich zu ängstigen und sprach: Wie schaurig ist doch dieser Ort! Nichts anderes ist hier, als Gottes Haus und die Pforte zum Himmel." (28,17) ... Vom Bundeszelt sagt das Buch Exodus, nachdem das Werk vollendet worden: „Als Moses so das ganze Werk vollendet hatte, bedeckte die Wolke das Offenbarungszelt, und die Herrlichkeit des Herrn erfüllte die Wohnung, so daß Moses nicht in das Offenbarungszelt hineingehen konnte, weil die Wolke sich auf ihm niedergelassen hatte und die Herrlichkeit des Herrn die Wohnung erfüllte." (40,34f) ... Was aber den Tempel von Jerusalem angeht, so mag man im achten Kapitel des ersten Buches der Könige die große Schilderung seiner Weihe nachlesen. Salomon spricht da in seinem Weihegebet voll erschütterten Staunens: „Wohnt denn Gott wahrhaftig auf Erden? Fürwahr, der Himmel und die Himmel der Himmel fassen Dich nicht, wieviel weniger dieses Haus, das ich erbaut habe!" Trotzdem bleibt die Wahrheit: „So habe ich ein Haus gebaut zur Wohnung für Dich, zu einer Stätte, da Du weilest auf ewig!" (8,13.27) Dieses „Haus Gottes" bedeutet aber eine in ihrer Art genau so entschiedene Aussage über Ihn wie ein Bild. Ja, sie ist noch schärfer, denn sie sagt nicht nur: hier ist das Wohnen Gottes dargestellt, sondern: hier wohnt Er wirklich.

Ebensowenig darf vergessen werden, daß im Alten Testament – und zwar in seinem spirituellsten Teil, nämlich bei den Propheten – die Theophanien auftauchen; Erscheinungen Gottes in wohl geheimnisvollen, alle menschlichen Maße überschreitenden, jedoch durchaus präzisen Bildern. In der Berufungsvision des Isaias heißt es: „Im Todesjahr des Königs Ussia sah ... ich den Herrn. Er saß auf einem hohen und erhabenen Throne, seines Gewandes Schleppen füllten den Tempel." Und der Erschütterte ruft: „Weh mir ... den König, den Herrn der Heerscharen haben meine Augen gesehen." (Jes 6,1.5) Den Schrecken des Propheten aber versteht man, wenn man sich an das Wort erinnert, das Gott am Sinai zu Moses gesprochen: „Mein Angesicht kannst du nicht schauen. Denn kein Mensch kann mich schauen und am Leben bleiben." (Ex 35,20)

Was endlich die Bildlosigkeit des heiligen Raumes betrifft, so ist dessen Leere ja doch selbst ein „Bild". Ohne Paradox gesagt: die richtig geformte Leere von Raum und Fläche ist keine bloße Negation der Bildlichkeit, sondern deren Gegenpol. Sie verhält sich zu dieser wie das Schweigen zum Wort. Sobald der Mensch für sie offen wird, empfindet er in ihr eine geheimnisvolle Anwesenheit. Sie drückt vom Heiligen das aus, was über Gestalt und Begriff geht. Besucher der Hagia Sophia sprechen von dem gewaltigen religiösen Eindruck, den ihre Leere macht.

In diesem Zusammenhang mag auch darauf hingewiesen werden, daß die neueste Architektur die gut geformte freie Fläche, den gut gemessenen und durchlichteten leeren Raum wieder als besonders starke Möglichkeit religiösen Ausdrucks entdeckt hat.

Dann aber – und damit kommen wir zum Eigentlichen – ist die Möglichkeit des heiligen Bildes ein für alle Mal entschieden und grundgelegt durch die Menschwerdung. Nicht zufällig ist es der spirituellste der Evangelisten, Johannes, der hier den schärfsten Ausdruck braucht, wenn er im

Prolog seines Evangeliums nicht nur sagt: „der Logos ist Mensch", sondern: „Er ist Fleisch geworden und hat unter uns gewohnt". Genau übersetzt heißt es: „Er hat unter uns gezeltet"; der Anklang an das Bundeszelt, in welchem Gott auf dem Zug durch die Wüste gewohnt hat, ist nicht zu überhören.

Damit aber kein Zweifel am Gemeinten möglich sei, heißt es dann weiter: „und wir haben seine Herrlichkeit geschaut, die Herrlichkeit als des Einzig-Geborenen des Vaters, voll der Gnade und Wahrheit" (Joh 1,14). Also nicht bloß an sie gedacht; nicht bloß in einer paradoxen Bewegung des Geistes es auf sie hin gewagt, sondern sie geschaut. Eine Analogie jenes Schauens, von dem zu Beginn des Römerbriefes gesprochen wird, wenn es heißt: „Denn was von Gott zu erkennen ist, ist unter ihnen offenbar ... wird ja doch sein unsichtbares Wesen von Erschaffung der Welt her an seinen Werken durch den Geist geschaut, nämlich seine ewige Kraft wie auch seine Gottesgüte" (1,19f).

Der erste Johannesbrief aber beginnt mit den aufrüttelnden Worten: „Was von Anfang" – das heißt vom Beginn der Weltschöpfung – „an war; was wir gehört, was wir gesehen haben mit unseren Augen; was wir geschaut, und unsere Hände betastet haben vom Logos des Lebens – ja, das Leben ist [wirklich] offenbar geworden, und wir haben gesehen, und bezeugen, und verkünden euch das ewige Leben, welches war beim Vater und uns offenbar geworden ist – was wir [also] gesehen und gehört haben, verkünden wir auch euch" (1, 1–5). Die Sätze – geschichtlich wohl gegen den gnostischen Spiritualismus der Zeit gerichtet – sind von einer solchen Eindringlichkeit, daß man sofort sieht, es geht um etwas Entscheidendes: um die klare, durch keinerlei Symbolismen oder Psychologismen verunreinigte Wirklichkeit von Gottes Menschwerdung. Und diese ist zugleich Offenbarung, Epiphanie. Sie bedeutet, daß „der Logos des Lebens", der ewige Sohn Gottes, nicht nur denkbar wird, Gegenstand von Begriff und Theorie, sondern sichtbar, so, daß man sagen kann: Dort geht Er. Daß man Ihn fragen kann und Antwort bekommen. Daß man seine Hand auf dem Haupte spüren und sein Gewand fassen kann – von den letzten Innigkeiten der Teilhabe zu schweigen, über die Johannes mit der gleichen Schärfe im 6. Kapitel seines Evangeliums spricht (51–57). Sichtbar freilich für Augen, und hörbar für Ohren, und zu greifen für Hände, die zum „neuen Menschen" gehören, der aus Glaube und Taufe wiedergeboren ist – ähnlich wie das Erschauen Gottes aus der Schöpfung, von welchem der Römerbrief (1,19–20) spricht, nicht vom natürlichen Auge gilt, sondern von jenem, das zum „reinen", das heißt richtig liebenden Herzen gehört. (So die Bergpredigt Mt 5,8.)

Für Paulus, der alle johanneischen Gedanken schon vorausgedacht hat, scheint die Bildlichkeit sogar im dreieinigen Leben Gottes selbst zu beginnen. Im Kolosserbrief sagt er von Christus, Er sei „das Ebenbild des unsichtbaren Gottes" (1,15).

Wo aber Ebenbildlichkeit ist, ist auch Urbildlichkeit, so daß der Begriff des „unsichtbaren Gottes" eine geheimnisvolle Doppelbedeutung enthält. Er meint einmal eine Eigenschaft Gottes, die nicht auf den abstrakten Verstand, sondern auf das schauende Auge bezogen ist – wie wir denn auch mit Zuversicht von einer „Anschauung Gottes" reden, in der sich einst unser Verhältnis zu Ihm erfüllen soll. Diese Bildlichkeit geht aber derart über alles natürliche Sehvermögen hinaus, daß Gott einfachhin „der Unsichtbare" genannt wird, der im unbetretbaren Lichte wohnt (1 Tim 6,16). Wiederum übersetzt sich aber diese Unsichtbarkeit ins Sichtbare, sobald Gott Mensch wird, der ja als Gottes Ebenbild geschaffen ist. Dann geschieht „Epiphanie": „Der Gott, der da sprach: Aus der Finsternis soll leuchten das Licht [des Tages] – Er ist es, der es in unseren Herzen hat aufleuchten lassen zum Lichttag der Erkenntnis der Herrlichkeit Gottes im Antlitze Christi." (So Paulus 2 Kor 4,6.)

Johannes aber berichtet, wie Jesus in den Abschiedsreden zu Philippus sagt: „Wenn ihr mich erkannt hättet, würdet ihr auch meinen Vater kennen. So erkennt Ihn von nun ab;

ihr habt Ihn ja gesehen. Sagt Philippus zu Ihm: Herr, zeige uns den Vater, und wir sind zufrieden. Sagt Jesus zu ihm: Solange Zeit bin Ich bei euch, und du hast Mich noch nicht erkannt, Philippus? Der Mich gesehen hat, der hat den Vater gesehen." (14,7–9)

Hier ist die Theologie des heiligen Bildes grundgelegt. Es setzt voraus, daß Gott die Welt geschaffen hat, so daß der vom Herzen her rein gewordene Blick auch die Herrlichkeit des Schöpfers zu erschauen vermag (Röm 1,19f). Es setzt weiter voraus, daß Gott Mensch geworden ist, und daher, wer die Gestalt Christi mit reinem Herzen erblickt, in ihr die Fülle der Gotteswirklichkeit schaut.

Das religiöse Kunstwerk dient diesem Geheimnis. Seine Aufgabe besteht nicht darin, lehrhaft zu unterrichten, oder erzieherisch zu beeinflussen, sondern der Epiphanie den Weg zu bereiten.

3.

Nun aber eine Frage, die ebenso wichtig wie schwer zu beantworten ist, jedoch tief in das Wesen des religiösen Kunstwerkes hineinführt: Wie kommt das Bild Christi, von dem Paulus und Johannes reden, zu den Späteren? Nicht auf dem Weg unmittelbarer Wiedergabe. Wir haben kein Portrait von Christus, weder gemaltes noch plastisches. Und wir müssen sagen: zum Glück. Es wäre nicht gut, wenn es ein solches Bild gäbe, aus vielen Gründen.

Was wir haben, sind Berichte. Zunächst jene der Evangelien, die, wie Lukas sagt, erzählen, „was Jesus alles getan und gelehrt hat; von Anfang an bis zu dem Tag, da Er erhoben ward" (Apg 1,1f). Aber auch die Briefe des Apostels Paulus, der Christus nicht gesehen hat, zeichnen an seinem Bild; sie geben ihm wesentliche Tiefe und Mächtigkeit. Und ebenso die Visionen der Apokalypse; sie bauen es in die Ewigkeit hinauf.

Welcher Art ist nun dieses Bild? Die Evangelien schildern

nicht. Sie sagen nicht: Er war so und so groß; sein Antlitz trug die und die Züge; seine Gebärden waren von solcher Art, und so pflegte Er zu gehen ... Sondern sie berichten Worte, die Er gesprochen; Handlungen, die Er vollzogen; Schicksale, die Er erfahren hat.

Also eine Biographie? Ein Geschehnisbild, aus äußeren und inneren Vorgängen geformt? Auch das trifft nicht zu. Das Interesse der Schreibenden geht nicht darauf, einen genauen Lebensbericht zu geben; wir, die gern alles von Jesus wissen möchten, vermissen ja so viel. Ebensowenig geben sie jene Psychologie, die wir in einer Biographie suchen: die individuellen Eigenheiten, die seelischen Zusammenhänge, die Motive und ihre Schichtungen. Der Schreibende will nicht analysieren, noch erklären. In dem Jesus von Nazareth, von dem er spricht, ist etwas, das über alle natürliche Psychologie hinausgeht; aber eben dieses Etwas ist es, um dessentwillen er schreibt. Die Berichte sind nämlich *Kerygma,* Verkündung, und was sie verkünden, ist die Menschwerdung des ewigen Gottessohnes und seine über alles Begreifen gehende erlösende Liebe.

Auch daraus entsteht ein Bild; freilich von sehr besonderer Art. Eins, das sich immerfort nach innen wendet. In eine Innerlichkeit aber, die nicht nur im Seelisch-Geistigen liegt, sondern sich ins Unbegreifbare vertieft. Ein Bewußtsein wird deutlich, eine Intention, eine innere Haltung, die über alles Menschliche – und sei es die Menschlichkeit eines Genies – hinausgehen.

Die Berichte sind aber nicht so, wie wenn irgendeine Persönlichkeit der damaligen Zeit von einem Lehrer erzählte, der Jesus geheißen, die und die Lehren verkündet und dieses Schicksal erlitten hätte. Sie sind wohl aus echter Erinnerung geschrieben; diese Erinnerung ist aber nicht die natürliche, in welcher ein Mensch etwa an die Begegnung mit einem anderen denkt, der für ihn wichtig geworden ist; sondern sie hat sich aus einem Ereignis heraus gebildet, dessen Rang dem der Menschwerdung ähnlich ist: daß der Heilige Geist in die Zeit eingetreten, und dadurch überhaupt erst christliche Geschichte, Geschehen wie Gedenken, möglich geworden ist. Also zum Beispiel nicht die Erinnerung des Steuerpächters Levi, der gute Augen im Kopf und ein scharfes Gedächtnis für Worte hatte, sondern die des Apostels Matthäus, dem zu Pfingsten durch den Heiligen Geist widerfahren ist, was Jesus in den Abschiedsreden verheißen hatte: „Wenn Jener kommt, der Geist der Wahrheit, dann wird Er euch in die ganze Wahrheit einführen ... Er wird vom Meinigen nehmen und es euch kund machen." (Joh 16,13f)

Einen Bericht, der aus bloßen historischen Voraussetzungen heraus über Jesus spräche, haben wir nicht. Wenn es ihn gäbe, dann wäre er natürlich bedeutsam, weil alles und jedes bedeutsam ist, was wir von irgendwoher über den Herrn erfahren können. Im Eigentlichen wäre er unwesentlich – ähnlich wie, um für einen Augenblick das Phantastische zuzulassen, eine Photographie unwesentlich wäre. Das Bild Jesu Christi wird uns von einer treuen und wahren Erinnerung gezeichnet; diese Erinnerung aber ist die aus dem Heiligen Geist geborene. Das bedeutet natürlich nicht, sie hätte den Charakter eines bloß subjektiven Erlebnisses. Im Gegenteil: sie ist die einzige der Wirklichkeit des Sohnes Gottes zugeordnete, da sich erst in ihr das Auge konstituiert hat, das fähig ist, den Herrn zu sehen; und der Sinn, der seine Botschaft versteht.

Damit ist aber noch nicht genug gesagt. Die Erinnerung ist nicht nur die individuelle des gläubigen Christen Matthäus, der außerdem noch Apostel gewesen wäre, sondern die Erinnerung des Apostels als solchen, der den Auftrag hatte, das Bild des Herrn hinauszutragen. Dieser war kein Privatmann, sondern Bischof der Kirche; und aus der Autorität, die er in der Kirche hatte, erinnerte er sich, und aus ihr heraus verkündete er.

Wenn wir also auf die Frage, wie das Bild Christi zu uns gelange, eine zusammenfassende Antwort geben wollen, so müssen wir sagen: durch das Gedächtnis der Kirche. Durch es allein. Neben ihm gibt es keine Erinnerung an Christus, die uns sein wirkliches Bild zubrächte. Die Evangelien stehen nicht neben diesem Gedächtnis, sondern sind ein Teil von ihm; freilich einer von höchstem Rang. „Ich würde dem Evangelium nicht glauben, wenn die Kirche mich nicht dazu nötigte“, hat Augustinus gesagt. Eine unabhängige Erinnerung an Christus gibt es faktisch nicht, weil keine Quellen solcher Art da sind. Es kann sie aber auch grundsätzlich nicht geben, weil jeder Bericht über Ihn, der außerhalb der Kirche entstanden wäre, sein Bild verzerren müßte.

Daraus folgt aber auch, daß dieses Bild nicht starr ist. Es kommt aus lebendiger Geschichte zu uns, und ersteht aus den verschiedenen Epochen dieser Geschichte immer neu. Sein Wesentliches, die Menschwerdung des ewigen Gottessohnes und die daraus hervorgehende Erlösung kann nichts anderes als das Eine, Ewig-Wahre sein. Es lebt aber; so wandelt sich der Charakter seiner Erscheinung. Schon aus den Berichten der Evangelisten selbst tritt ja das Bild Christi in verschiedenen Brechungen und Färbungen hervor. Wer mit ihnen näher vertraut ist, unterscheidet bald ein Element seiner Zeichnung, wie Markus es gibt, von dem des Matthäus, oder des Johannes, und doch ist es immer der gleiche Christus.

Noch stärker werden die Unterschiede, wenn wir den Raum der Heiligen Schrift verlassen und sehen, wie sich das Bild später aus dem Gedächtnis der Kirche heraus gestaltet hat: der Pantokrator der Mosaiken; der Gewaltige der romanischen Buchmalerei; der Mann der Schmerzen und wieder der Übermächtige der Geistesherrlichkeit in der Gotik; der Monarch des Barock, und so fort. Solange der Darstellende gläubig ist, spricht aus dem Bilde immer die gleiche gottmenschliche Wirklichkeit. Sie bestimmt sich aber näherhin aus der jeweiligen Zeit heraus: wie deren Menschen den Erlöser empfinden; welche Not sie in Ihm gelöst finden; wie der Heilige Geist es ihnen zu erfahren gibt.

Entsprechendes ist von den Bildern der Persönlichkeiten aus der Heilsgeschichte zu sagen: der Mutter Jesu, deren Gestalt jener des Herrn so nahe steht; des stillen Mannes, der Jesu Jugend behütet hat, Josephs; der Apostel selbst nicht zu vergessen.

Ähnliches gilt auch von den Heiligen. In ihnen erfüllt sich das Geheimnis, von welchem Paulus im Römerbrief spricht, wenn er sagt, daß der Glaubende „eingestaltet wird in des Sohnes Bild, auf daß Er der Erstgeborene sei unter vielen Geschwistern“ (8,29). Und wieder im 2. Korintherbrief: „Wir alle aber, die wir mit aufgedecktem Angesicht, die Anstrahlung empfangen von des Herren Herrlichkeit, werden in eben dieses sein Bild verwandelt von Herrlichkeit zu Herrlichkeit.“ (3,18) An sich gilt das von jedem Glaubenden. In jedem gestaltet sich Christi Bild heraus: aus seinen besonderen Eigenschaften, seinem individuellen Erfahren und Tun; nur bleibt es in der Regel undeutlich und schwer erkennbar. Die Heiligen aber sind Menschen, in denen die Christus-Ähnlichkeit deutlich und eindringlich erscheint. Wieder aber muß man sagen, daß auch das Bild des Heiligen nicht aus einem natürlichen Gedächtnis, sondern aus dem der Kirche gesehen und uns übermittelt wird. Sie allein erkennt ihn. Um das festzustellen, braucht man nur auf die Art zu achten, wie außerhalb der Kirche von ihm gesprochen wird. Sie ist es, die ihn ?heilig spricht”, und so seinem Bild die für die Gläubigen entscheidende Deutlichkeit gibt.

4.

Die christliche Kunst steht immer im Dienst dieses Vorgangs.

Der Ausdruck für die Erinnerung der Kirche wird vom gläubigen Künstler mitgestaltet.

Seine Verantwortung ist groß. Zuerst und vor allem der Ehre Gottes wegen, die nicht nur durch falsche und ungemäße Gedanken, sondern auch durch falsche oder lässige Bilder verletzt werden kann. Gott ist der Werkvollbringer einfachhin; Ihm darf nicht mit halben Werken gedient werden – ebenso wie Er der Heilige ist, dem keine Gebilde dienen können, die aus unechter Gesinnung stammen. Die Verantwortung wird aber auch durch die Wirkung auferlegt, welche das Kunstwerk tut, denn ein Bild trifft viel unmittelbarer in das Gewebe, viel tiefer in die Wurzeln des inneren Lebens als eine bloße Lehre. Es beeinflußt die Vorstellungen und wirkt in das Gefühl. Es drängt, Vorbild zu werden, um dann, angeeignet und verwandelt, im Leben des Anschauenden wiederzukehren.

Aus alledem und anderem – wir können hier nicht zu tief greifen – entspringt auch das Problem des religiösen Künstlers.

Es ist anders gelagert als das des weltlichen. Was er tut, ist ein wirklicher Dienst. Er steht unter dem Auftrag, das Gedächtnis der Kirche zu interpretieren. So hat er nicht zu sagen, was er subjektiv meint, sondern, was im Sinne der Kirche liegt, die ja selbst den Auftrag Christi erfüllt. Dadurch können Konflikte mit persönlichen Impulsen entstehen – um so leichter, als es weithin keine echte christliche Tradition mehr gibt, und eine überall wirksame Gnosis mit den Inhalten des Glaubens in der willkürlichsten Weise umgeht. Er kann in die gleiche Not kommen, wie der wissenschaftlich Arbeitende, wenn die Lehre der Kirche seinen persönlichen Meinungen widerspricht.

Er wird daher seinem Auftrag nur gerecht werden können, wenn er mit dem Inhalt der heiligen Botschaft wirklich vertraut wird. Dabei darf wohl auch für die späteren Künstler in Anspruch genommen werden, was von jenen gesagt ist, die das Bundeszelt zu bauen hatten. Im Buche Exodus heißt es: „Moses sprach zu den Israeliten: Seht, der Herr hat den Bezalel, den Sohn des Uri, Enkel des Chur aus dem Stamme Juda, mit Namen gerufen und hat ihn mit göttlichem Geist erfüllt in Weisheit, in Einsicht und Erkenntnis für jegliches Werk.“ (35,30f) Von jedem, der sich aus echtem, innerem Müssen in den Dienst der religiösen Kunst stellt, wird wohl gesagt werden dürfen, daß er dazu „mit Namen gerufen“ sei. Und ebenso bedeutet es wohl keine Phantastik, wenn man denkt, daß unter den Gnadengaben des Geistes Christi, von denen der 1. Korintherbrief im 12. Kapitel spricht, auch eine sei, die den christlichen Künstler zu seinem Werk befähigt. Es ist ja ausdrücklich gesagt, daß es in dem großen Zusammenhang des christlichen Lebens, „Kirche“ genannt, viele „Dienstleistungen und Kraftwirkungen“ gibt, zu denen der gleiche Geist befähigt, der „Alles in Allem wirkt“.

Der gleiche christliche Künstler hat aber auch nicht nur das Recht, sondern auch die Pflicht zur Selbständigkeit. Das immer neue Sich-Ausgestalten des heiligen Bildes in der Erinnerung der Kirche enthält nicht nur das überzeitlich-konstante, sondern auch das geschichtlich-werdende Element. Der rascheste Blick in die Vergangenheit zeigt, welche Verschiedenheiten zwischen den einzelnen Epochen, und innerhalb der gleichen Epochen zwischen den verschiedenen Künstlerpersönlichkeiten bestehen. So hat jeder Künstler die Aufgabe, das heilige Bild aus seiner schöpferischen Innerlichkeit heraus zu gestalten, und darf sich darin nicht beirren lassen, auch nicht durch noch so verdichtete Anschauungen der Zeit.

Er darf aber, und daran denkt er manchmal nicht genug, sich die Not des Schaffens auch nicht durch die Würde des Gegenstandes schenken lassen. Die Ehrfurcht, die der Gläubige einer religiösen Darstellung unwillkürlich entgegenbringt, darf ihm nie die oft so schwere Aufgabe abnehmen, von innen her die richtige Gestalt herauszuheben und ins Werk zu bringen. Die Unzahl der Durchschnittlichkeiten – vom Nichtsnutzigen nicht zu reden – welche Kirchen und Häuser entstellen, lassen keinen Zweifel daran, wie dringlich die Verantwortung ist.

5.

Es wäre noch viel zu sagen, denn das Problem der christlichen Kunst ist ja, von einem besonderen Ausgangspunkt her gesehen, das des gläubigen Daseins überhaupt. Wir werden aber auf jeden Fall gut tun, am Ende dieser Überlegungen noch einmal zu ihrem Beginn zurückzukehren.

Da war von dem Gebot die Rede, durch welches das Alte Testament jede Gestaltung eines Gottesbildes untersagt hat. Ein Gebot aber, das mit solchem Nachdruck gegeben und mit solcher Unerbittlichkeit durchgesetzt wird, hat einen tieferen Sinn, als daß es nur an eine bestimmte Zeit gebunden wäre; es gilt, richtig verstanden, für jede, auch für die unsere. Gewiß ist unsere Situation verschieden von jener, in welcher ein kleines, der Offenbarung verpflichtetes Volk inmitten mächtiger heidnischer Kulte lebte. Deren Wirkung war stark – umso stärker, als ja die alttestamentliche Religion durchaus nicht aus der ursprünglichen religiösen Anlage dieses Volkes erwuchs, sondern Offenbarung im sauberen Sinne des Wortes war und als solche zu jeder religiösen Veranlagung, auch der des Volkes Israel, in Widerspruch stand. Von Natur glaubte dieses Volk durchaus nicht an den Gott, der ihm von Moses und den Propheten verkündet wurde; hatte vielmehr die stärksten polytheistischen Neigungen; erinnern wir uns nur an den fast verzweifelten Kampf, den die Propheten gegen das Eindringen der heidnischen Kulte geführt haben. So könnte man denken, das Bildverbot habe wohl damals seinen Sinn gehabt, gehe aber uns nichts mehr an. Ob das aber zutrifft? Ob die Gefahr des Idols für uns wirklich verschwunden ist?

Wir brauchen uns nur einige Tendenzen unserer kulturellen Situation zu vergegenwärtigen, um in dieser Sicherheit irre zu werden.

So sehen wir zum Beispiel, wie an den verschiedensten Stellen das Interesse für den Mythos erwacht, ja wie er vielfach zur Mode wird. Das ist zunächst begrüßenswert, denn der Mythos hängt mit wesentlichen Momenten des menschlichen Daseins zusammen. Doch wirkt in ihm auch die Urgefahr, die Natur zu vergöttlichen und ihr dadurch zu verfallen. Daraus würden aber wieder Idole entstehen. Haben wir nicht erst in jüngster Zeit erfahren, wie Volk und

Blut und Boden dazu gemacht, ihre Symbole dem Volk als Heilszeichen eingehämmert, und ein Mensch als „Heilbringer" verehrt worden ist? Es wäre verhängnisvoll, das zu vergessen ... Die Art, wie in der immer einflußreicher werdenden Tiefenpsychologie und Psychotherapie vom Trieb gesprochen wird, ist oft nicht weit davon entfernt, ihn als eine göttliche Urmacht zu sehen. Auch wie die Bilder des Unbewußten, die Archetypen, verstanden werden, erinnert oft bis in die Wahl der Worte hinein an Idole – wie denn die Wurzel der Religion geradezu in das Verhältnis zu den Archetypen verlegt wird ... Was aber manche Hervorbringungen der neuesten Kunst angeht, so wird man sie kaum anders denn einfachhin als Idole ansehen können.

Aus alledem geht hervor, daß die Neigung zum Idol nicht einer bestimmten geschichtlichen Epoche angehört, sondern daß sie in der Menschennatur wurzelt, wie sie seit der Urschuld ist.

Daher wäre denn auch die Frage zu stellen, ob nicht ein an sich richtig gemeintes Bild aus einer falschen religiösen Haltung des ihm Nahenden zum Idol werden könne?

Das Vorausgehende hat zu zeigen versucht, worin die Aufgabe des religiösen Kunstwerks bestehe. Es soll verkünden; soll dem heiligen Bild, wie es aus dem Gedächtnis der Kirche zum Glaubenden hin spricht, den Weg bereiten. Ebenso wie es umgekehrt dem Blick und Herzen des gleichen Glaubenden den Weg zu Christus zeigen soll, der selbst zum Vater führt. Man darf also wohl sagen, das echte religiöse Kunstwerk sei seinem Wesen nach Weg. Weg der Verkündung und Vergegenwärtigung zum Menschen hin; Weg der Andacht und Liebe zu Gott hin.

So gerät es in Gefahr, wenn der Charakter des Weges fraglich wird; die Bewegung nicht mehr hindurchgeht, her und hin, sondern im Werk zum Stillstand kommt. Vielleicht müßte man sagen, daß es dann zum Idol wird.

Letzteres wäre dann nichts Fixiertes, sondern das Aufhören einer Bewegung; die Verderbnis einer Haltung. Ein Vorgang, der den religiösen Erzieher auf das ernsteste angeht; wie er es denn auch ist, an dem sich der Protest gegen das religiöse Kunstwerk entzündet; am Anfang mit Recht, um dann freilich ins Ungemäße und Unwahre zu geraten. So wäre noch manches zu sagen.

Daraus ergibt sich die Frage, ob die Warnung des Alten Testaments vor dem religiösen Bild nicht doch auch für uns wichtig sei, und zwar als Warnung vor jener inneren Verkehrung, durch welche auch ein durchaus richtig gemeintes Kunstwerk zum Idol werden kann.

Im Zusammenhang damit steht die andere, sehr wichtige Frage, ob die Leere, welche das alttestamentliche Verbot geschaffen hat, nicht von Bedeutung für das religiöse Leben sei. Wir haben bereits gesehen, daß die neue Architektur wieder auf die freie Fläche und den offenen Raum aufmerksam wird. Wer an die Vielheit der Bilder gewöhnt ist, wird leicht von Dürftigkeit und Kälte sprechen. Es kann aber auch sein, daß hier die Not der Zeit, die sparen muß, mit einem neuen Gefühl dafür zusammengeht, was die Leere für die Erfahrung göttlicher Gegenwart bedeutet.

Damit hängt etwas zusammen, das jedem religiösen Erzieher zu schaffen macht: daß es schwer ist, zum unsichtbaren Gott zu sprechen. Dazu gehört eine innere Stille und Aufmerksamkeit, in welcher seine Gegenwart zu Bewußtsein kommen kann. Auch eine Festigkeit, die sich von Vorstellungen unabhängig macht; eine ruhige Beharrlichkeit, die hindurchdringt. Die Psalmen sprechen von Gottes „Angesicht“: der Gläubige solle es suchen; der Herr möge es zeigen ... Dieses innere Suchen, Hingelangen, Hineinsprechen; das Bewußtsein, von Ihm gesehen, gemeint, geliebt zu sein – alles das scheint im leeren Raum leichter zu gelingen, als dann, wenn ein Bild den Blick fängt. Unter diesem Gesichtspunkt könnte die alttestamentliche Warnung ebenfalls wichtig werden.

So würde der Kreis sich schließen und das in der Frühzeit der heiligen Geschichte Gebotene auch für unsere Zeit wichtig werden.

Der Mensch und der Gedanke Gottes

Das erste Bild, das die Schrift von Gott gibt, ist das eines Werkmeisters, eines Künstlers. Die ersten Kapitel der Genesis sind ein Hymnus auf die Herrlichkeit seines Schaffens, aus dem die Welt hervorgeht. Auf dem Gipfel seiner Schöpfertätigkeit aber schafft der Herr den Menschen nach seinem Bild. Seine unendliche Herrlichkeit faßt er zusammen in eine endliche Gestalt.

Worin ist der Mensch Ebenbild Gottes? Darin, daß er herrschen kann und herrschen soll über die Welt. Herrschen nach Art der alten Könige, die Segensmacht ausstrahlten auf ihr ganzes Land, Schutz und Frieden. Der Mensch denkt die Gedanken Gottes nach, die überaall in der Welt ausgestreut liegen. Er denkt in Werken des Ordnens, des Schützens, des Helfens. Auch die Gedanken des Bildens und Formens versucht er zu denken in Werken der Kunst, die wie schöpferisch nennen. Diese stehen den Geheimnis des göttlichen Schaffens besonders nahe: der Herausnahme aus den unendlichen Möglichkeiten der Welt, dem Hineinstellen des Gedankens in die gefestete Gestalt.

Wer solches Tun einzig vermag und von Anfang an vermochte, ist der Heilige Geist. Im ersten Augenblick aller Schöpfung ist er dabei. Der Geist Gottes schwebt über den Wassern, wenn eine Gestalt nach der anderen hervorgeht aus der formenden Kraft des Geistes. Seine besondere Nähe verspürt auch der menschliche Bildner, der darum von Inspirationen spricht. Doch der eigentliche Ort der Inspiration ist das Sprechen und Schaffen Gottes. Dem Menschen ist alles vorgebildet. Der Künstler arbeitet nicht in autonomer Weise, sondern in Gottes-Ebenbildlichkeit. Wenn er von seiner Schöpferkraft spricht, steckt Anmaßung in diesem Wort. Er kann nur bitten, daß der, der die Welt schuf, ihn erleuchte in seinem kleinen Schaffen als Maler, als Bildhauer, als Architekt, als Dichter.

Was aber, wenn er gleichwohl in die Krisen hineintreibt, denen jeder schöpferisch Arbeitende ausgesetzt ist? Wenn er plötzlich weiß, wie wenig er kann, wenn das Bild seiner Jugendschöpfungen zu wanken anfängt, wenn er sieht, daß sein Werk zurückbleibt hinter dem, was er eigentlich gewollt hat? Immer wieder erlebt ja der Künstler in sich das Wort der Schrift: „Am Anfang war alles wüst und leer." Nur dadurch ist er ja Künstler, daß er Verbindung hat zum Chaos. Muß es nicht untergehen in den Stunden, in denen alles nur Möglichkeit, nur Nebel und Wanken ist?

Nein! Denn es hat nie ein Chaos gegeben ohne den Heiligen Geist. Im Schwindel der Krisen, in den Stunden, da alles leer wird, und der Geist nicht mehr weiß, ob er je ein Recht hatte zu gestalten, in den furchtbaren und langen Augenblicken, in denen der Künstler sich ärmer fühlt als jeder andere, der seinen Weg in den Ordnungen der Vernunft vorausberechnen kann, da ist die Zeit des mächtigen Anrufs gekommen, der ihm gemäß ist und der so aus seinem Herzen brechen mag: „Heiliger Geist, der Du schwebtest über dem Chaos, ich gehöre zu Dir – sei Du bei mir, daß das Chaos nicht Herr wird! Gib das Ausharren in den langen Vorgängen des Gestaltens und gib die Vollendung, Amen!"

Das Bild der Gottesmutter in der Burgkapelle zu Rothenfels

Eine Ansprache
[1929]

„Der Herr wird seine Gnade schenken und unser Acker seine Frucht tragen" – spricht die Communio des ersten Advent- sonntages aus dem 84. Psalm.

Liebe Freunde!
Unsere Kapelle geht ihrer Vollendung entgegen. Die Arbeit an ihr hat sich durch Jahre hin erstreckt. Und es ist dabei nicht nur um ein Werk gegangen, sondern um das Unterpfand einer Hoffnung. Rudolf Schwarz, dem wir die Kapelle verdanken, hat einmal gesagt, die Zeit sei wohl noch nicht gekommen, Gott aus dem, was heute lebt, einen Tempel zu bauen. Die „Kammer Gottes" zu richten, das sei uns zugewiesen. In diesem Wort ist wohl ausgesprochen, was denen im Sinn lebte, die sich um die Kapelle bemüht haben – und was, so hoffen wir, jeden anrühren wird, der mit offenem Sinn in sie eintritt.

Ihre Wände sind ganz frei. Sie umschließen und hüten, aber sie engen nicht ein. Hinter dem milden Elfenbein ihrer Farbe öffnet sich innig-weiter Raum.

Der Altar hat ganz wahrhaftige Gestalt. Klar ist jede seiner edlen Formen. Und in der reinen Kühle des Silbers, das ihn umhüllt, webt eine heilige, keusche Fülle.

Von der Decke hängt der Lichterreif. Wenn die Kerzen brennen, und ihre warmen Flammen sich im gleitenden Leben seines Silbers spiegeln, dann werden Augen und Herz froh.

Und die Fenster, von Anton Wendling geschaffen, schließen mit zurückhaltender und ein wenig schwermütiger Kühle die heilige Kammer ab von der bunten Welt.

Nun ist, kurz vor Weihnachten, das Bild der Gottesmutter von Maria Eulenbruch hier aufgestellt worden. Darüber möchte ich ein Wort sagen.

Als ich zum erstenmal in die Kapelle trat, und die gewaltige Gestalt mir förmlich entgegenfiel, habe ich zurückgezuckt. Vielleicht wird es manchem so gehen. Sie ist sehr herb; fast scheint sie hart. Manch einer wird dieses Bild nicht mit dem zusammenbringen können, was er seit Kindertagen von Maria, der Königin der Lieblichkeit und Mutter alles himmlischen Glanzes, in sich aufgenommen hat. Er wird sich dagegen auflehnen. Er wird denken, daß er dieses Bild nicht in sein Gebet hineinnehmen könne.

So möchte ich gleich ein Wort vor sie halten, das sie schützt und offenen Weg wahrt zu ihr. Tritt ein Mensch aus eigenem Ursprung und eigener Mitte an uns heran, so berührt er uns wohl fremd. Wenn wir nun ein Urteil zwischen ihn und uns stellen, dann bleibt er uns verschlossen. Also müssen wir offen bleiben und aufmerksam sein. Eines Tages spricht's herüber, und wir verstehen. Von einem Werke aber gilt das Gleiche. Auch von diesem. Es ist aus lauterem Ursprung zu uns gekommen; wahr und lebendig es selbst. Nun wollen wir keine Mauer aufrichten zwischen ihm und uns.

Wie ist sie arm, diese Mutter des Herrn, die da zu uns gekommen ist! Wenn man so schaut, läßt seine Blicke durch den klaren Raum gehen, über das reine Silber, an den verhaltenen Fenstern hin ... wie steht sie doch da! So arm! Wahrlich, sie kommt aus dem Herzen unserer Zeit. Ihr fühlt es doch, wie arm unsere Zeit ist? Arm im Herzen? Wer heute glaubensverlangend, glaubenswillig in ihr steht, dem ist zumute, als werde ihm Stück um Stück genommen. Habe, und Kleid, und Dach; Bilder, und Worte, und Heim. So viel zermahlt ihm die Zeit! Wohl ist sie groß. Riesenwerke schafft sie. Und doch – aber vielleicht müssen wir, tiefer verstehend, sagen: gerade weil sie so groß ist, werden wir in ihr geistlich so unsäglich arm. So ist sie wohl recht zu uns gekommen, diese Mutter Gottes, die nichts hat als ihren guten, starken, von Gottes heiliger Gnade behüteten Leib und ihr armes Gewand.

Eine Frau aus dem Dorfe fragte, wann sie wohl Krone bekommen werde und Mantel. Was sollte sie damit?

Seltsam geht es einem mit dem, was da drinnen glaubt, und Gott sucht, und nach einer Welt des Heiligen verlangt, in der es leben könne. So vieles wird einem genommen. So vieles wird brüchig, hohl. Da sieht man sich um, nach den einfachsten Dingen, die verlässig sind. Am Morgen, nachdem ich zum erstenmal vor das Bild getreten war, bin ich droben über die Höhen gegangen, und als ich da die Äcker liegen sah, kam es mir: So ist sie! Der Acker ist arm. Aber alle die tiefen Kräfte, des Blühens und nährender Fruchtbarkeit, sind in ihm. Acker ist nicht Garten. Garten ist reich. Er ist geschützt durch Mauer und Zaun; ist mit Kunst gestaltet, und zierliche, erfreuliche Dinge stehen in ihm. Selbst noch im Winter ist er reich und geschützt; er schlummert nur. Der Acker aber liegt da, mit seiner braunen Erde, aufgepflügt und preisgegeben. Doch wenn wir in guter Stunde vorbeigehen, dann fühlen wir eine zärtliche Ehrfurcht. Wir wissen, wie voll aller Verheißung er ist. Wissen, aus ihm kommen wir und kehren zu ihm zurück. Und er und wir liegen in der guten Hand Gottes, die den Acker geschaffen hat, und den Menschen aus seiner Erde gebildet.

„Gott hat den Segen gegeben; und unser Acker hat seine Frucht getragen."

Sie, die Mutter der Armut, die Fleisch ist von unserem Fleische, hat uns die Gottesfrucht gebracht: das Kind, das uns erlöst.

Laßt uns sie anblicken mit der ehrfürchtigen Liebe, mit der wir das anblicken, was arm ist und ungeschützt, aber heilig reich von innen her. Stoßt Euch nicht an ihren Gebärden. Tut ihr nicht das Unrecht an, sie mit gepflegter Anmut zu vergleichen. Fühlt es: hier ist Euch etwas anvertraut! Versteht, wie das, was aus diesem Bereich kommt, anders sein muß. Wer über den Acker geht, hat gebundenen Schritt. In wem Erstes aufbricht, der steht in schwerem

Ernst. Schaut sie mit den rechten Augen an. Dann ist der Raum aufgetan, in dem sich ihr Gebundenes lösen kann.

So große Stille in ihr! Wenn wir ruhig werden, dann fühlen wir es uns entgegenwehen. Wir fühlen die Tiefe, die sich da auftut. Wir können hineingehen. Eine Welt ist darin. Nehmt das Wort nicht leicht; wirklich „Welt“. Weite; Raum. So manches Bild ist anmutig oder voll Glanz. Versucht man aber einzudringen, dann findet man nicht Platz. Oberfläche, und ein wenig weiter, und dann ist alles zu Ende. Hier ist's anders. Je öfter man eintritt, desto tiefer hinein senkt sich die Welt.

Und wir können das Unsere hineintragen. Alles; so, wie es ist; das Große und das Kümmerliche und das Klare und das Verworrene. Alles, was wirklich unser Leben ausmacht: Stadt, Straße, die Zimmer daheim, unsere Arbeit, die Menschen, den, jenen ... Hier brauchen wir nichts zurechtzuglätten oder wegzulassen. Sie weiß, wie alles das ist, was Leben heißt. Wir können auch unsere Freude mitbringen. Glaubt, sie kann lächeln. Oh, es würde aus ihr blühen wie Primel und Anemone aus brauner Erde! ... Und mitbringen all unser Schweres, und all unser Häßliches, alles ... Diese Mutter Gottes ist stark. Jede Last kann sie tragen, auch unsere.

Sie ist – wie soll ich's sagen – so ganz Anfang ist sie. So ganz Acker. Sie ist ja noch ganz arm. All das Ihrige liegt ja noch in der Zukunft. Zukunft fühlt man in ihr. Leben, das auf Hoffnung lebt. Ist's nicht so, daß wir unser Bestes fern gehen sehen, und daran verzweifeln, ob wir es je einholen? Wir sind doch nicht, was wir im Tiefsten sind. Wir sind doch nur ein armes Vorliebnehmen. Ahnen unsägliche Möglichkeiten, und müssen verzichten. Wie gut, wie gut, sich so in ihr wiederzufinden! Trost ist das, und Unterpfand, daß jenes Ferne, jenes in unzugänglicher Tiefe Versinkende doch nicht verloren ist. Und da kann man nicht viel sagen ...

Manch einer wird meinen, diese Gestalt könne er nicht mit seinem Gebet verbinden. Er soll sich aufmachen und eintreten. Er wird Gott hier finden. Es ist heilig in dieser Gestalt. Jenes Eine ist in ihr, das man nicht sagen kann; das man aber fühlt mit dem in uns, was das Herz des Herzens ist. Man muß nur das draußen lassen, was Kronen sehen will, und Mäntel, und goldenes Haar. Dagegen soll gewiß nichts gesagt sein; aber hier ist anderes. Man muß schon ein wenig „die Schuhe ausziehen", und mit der Einfalt des Herzens kommen.

Ich wünschte, dieses Bild möchte von uns langsam in Besitz genommen werden. Nicht mit einemmal, aber indem wir immer wieder kommen, ernsthaft bereit. Unser Leben bringen; das wirkliche, das wir gelebt, draußen im Land. Immer wieder „die Schuhe ausziehen" und eintreten samt all dem Unsern.

So mag sie uns die Mutter der Armut werden, aber auch die der Verheißung.

Rembrandts lächelndes Altersbildnis

[1924]

Seit einiger Zeit hängt in meinem Zimmer, dem Arbeitstisch gegenüber, das Alters-Selbstbildnis Rembrandts. Am Ende seines Lebens hat er es gemalt.

Er sitzt vor seiner Staffelei, wendet sich nach vorn und lächelt. Ein zerfurchtes, zerwühltes Gesicht. Viele Jahre hat er gelebt. Hat nach allem gegriffen, was begehrenswert war; hat in einem reichen Heim viel köstliche Habe aufgehäuft; ist zu hohen Ehren gelangt, und dann hat er alles verloren, und arm sterben müssen. Und dies Leben war eines Schaffens voll, so stark und groß, daß einem zu Mute wird, als stiegen Urkräfte hindurch. Nun ist er alt und schaut ins Leben her. Er hat keine Illusionen; dem Gesicht da macht keiner mehr etwas vor. Er hat hinter vieles gesehen und es leer gefunden. Er hat manchen Becher getrunken, und der Rest hat ihm sehr bitter geschmeckt. Aber er lächelt. Es sieht ja ein bißchen nach einem Grinsen aus, das Lächeln. Aber er kanns doch! Und vor sich, auf die Leinwand, setzt er eine kraftvolle Gestalt voll gehaltener Würde. Das soll wohl etwas gelten, nach solchem Leben dieses Lächeln, und dazu die Gestalt auf der Staffelei!

Wie ist das Bild gemalt! Mit wahrhaft königlicher Meisterschaft! Alle Einzelheiten weg; all die feinen Köstlichkeiten. Ganz einfach. Doch alles lebt darin. Es spannt; es zuckt; es wühlt. Farbenstrich neben -strich; Fleck an Fleck gehauen. Seht euch den Ausschnitt an auf unserem Bild. – Und denkt dabei nicht an so manche expressionistische Sudelei! Es ist der Rembrandt, der die Scharwache gemalt hat, und den Verlorenen Sohn! – Aber groß ist das Ganze. Die Einfachheit eines Felsenberges ist darin.

Immer größer wird mir das Bild!

Von philosophischen Büchern, aus theologischen Gedankengängen heraus habe ich hinaufgesehen. Aus Fragen des Tages und der Ewigkeit. Aus Gesprächen mit Menschen vieler Art. Aus fröhlichen Stunden und aus manchen schweren. Und immer hat das große Menschenleid, und das bittere Lächeln da droben – aber es ist ein Lächeln! Und die Gestalt, die er malt, ist stark und aufrecht! – immer hats standgehalten. Immer größer ists mir geworden!

Wie oft wars, als sei da ein Jemand bei mir im Zimmer!

Ja groß; das ists. Eine Größe, die etwas Urhaftes an sich

hat. Sie kommt nicht aus diesem oder jenem Zug. Nicht aus dem, was dargestellt ist; stofflich, meine ich. Es ist eine Qualität, die an jeder Linie hängt. Eine Luft, in die alles gehoben worden.

Und das Auge! Seht es euch an, auf unserem Bild.[1] Ich habe schon öfter darüber nachgedacht, was wohl Menschenantlitz und Landschaft miteinander gemein haben mögen. Denn sie sind ähnlich. Es gibt Gesichter, die sind wie lachendes Land, mit offenen Fluren und darauf blühts. Andere sind wie stille, versonnene Heide. Wieder welche wie schroffes Felsgewände, und noch andere ein verborgenes Tal. Denkt aber, ihr ginget durch Waldgebirg, hoch und groß der Zug seiner Berge, wild seine Stürze, finster die Tiefen. Und ihr sähet von der Höhe in einen weiten, dunklen Grund, und mit einem Male täte der ein großes Auge auf ... Was wohl daraus sprechen würde?

Seht euch in das Bild hinein!

Ja, aber eigentlich sollte ich über etwas anderes reden, nämlich über die Piper-Drucke! Was ich da schreibe, sollte eine Besprechung der farbigen Wiedergaben von Meister-Gemälden sein, die der Verlag Piper & Co. in München herausgibt.

Aber ich bin kein Kunstkritiker, und kein Kenner von Techniken. So werde ich wohl genug von diesen köstlichen Blättern sagen, wenn ich berichte, ihrer eines habe mir gezeigt, was ich da von Rembrandts Altersbild erzählt habe. Ich habe schon manches Bild von ihm gesehen. Diese Wiedergabe dünkt mich vollendet.

Dazu habe ich einen guten Rahmen ohne Glas darum machen lassen; es auf Leinwand aufziehen und firnissen lassen, so ist die Wirkung vollkommen.[2]

1 Die Verlagsanstalt Piper & Co., München, hat uns gestattet, es abzudrucken. Wir danken ihr.

2 Noch andere Werke sind wiedergegeben: Van Gogh, Menzel ... Sie sind alle schön. (Der Verlag schickt gern nähere Angaben.) Ich möchte aber, er ginge recht an die ganz tiefen Meister; mehr von Rembrandt,

Das Letzte habe ich erzählt, um dem Lesenden ein Gefühl zu unterstreichen, das er haben sollte; denn ich habe es auch gehabt und möchte mich hier damit auseinander setzen. Nämlich das etwas peinliche Gefühl, hier sei etwas nachgemacht. Ein Meisterwerk solle man in seiner Einzigkeit lassen; nicht mechanisch ersetzen wollen. Die einzig anständige Wiedergabe sei eine solche, die gar keinen Zweifel läßt, daß sie nur Wiedergabe ist; ja vielleicht gar eine, die selbst ein Kunstwerk ist, ein echtes, sofern sie durch eine freie Zeichnung den vom Zeichnenden erlebten Eindruck festhält.

Ich glaube aber, das ist ein bißchen Mißverständnis, und ein bißchen Prinzipienreiterei, und ein bißchen Extrageschmack.

Die großen Werke hängen in Museen. Dort aber, in den Leichenkammern der Kunst, habe ich nichts davon. Ein Bild will in lebendiger Umgebung sein. Dort, wofür es gemalt wurde. Wo sich das Leben um es her begibt, aus wechselnder Verfassung heraus der Blick zu ihm geht, und so sein Inneres zu einer günstigen Stunde sich erschließen kann – denn das tut es nur dann! – Wie soll ich da zu einem solchen Bilde kommen? Wiedergaben dieser Art machen die Vergewaltigung der Museen wieder gut. Durch sie wandert das Bild wieder ins Leben zurück.

Ein Freund freilich sagte, er ziehe es vor, geringere aber echte Kunst im Zimmer zu haben, als große, bloß wiedergegebene. Das verstehe ich. Holzschnitt und Radierung sind köstliche Dinge. Wenn mich aber nach den großen verlangt?

Und dann: Liegt nicht in dem Wort, man solle ein Kunstwerk nicht nachahmen, ein großes Mißverständnis? – abgesehen natürlich davon, wenn die Wirkung noch nicht voll erzielt ist! – Was wird denn „nachgemacht"? Doch nicht

Grünewalds Stuppacher Madonna, Memling, von der Goes, die Eycks ...

das „Kunstwerk". Das kann man überhaupt nicht nachmachen! Nachmachen kann man Leinwand, Farbflecken, geformte Steinblöcke ... Das ist aber doch nicht das Kunstwerk. Das ist toter Stoff! Jenes aber war lebendige Gestalt. Die war nicht aus der und der Farbe gemacht, aus geriebener Erde und mit Öl angerührt; die saß nicht auf der Leinwand, sondern stand im Geiste des Schaffenden. Und dort, im Geiste, steht sie noch. Was aber greifbar auf der Leinwand sitzt, das sind nur Verständigungsmittel, mit der Hinweisekraft begabt, daß vor ihnen ein Schaue-fähiger angeregt wird, in seinem Geiste aufleuchten zu lassen, was der Künstler gemeint und geschaffen hat. Das eigentliche Kunstwerk also, die innere Gestalt, die „ist" überhaupt nicht da, fest und fertig, im Saal 10 des Museums da und da; sondern das „wird"! Oder wird nicht! Je nachdem, ob einer dasteht, der nur Etikett und Farbflecken sieht, oder einer, in dessen Geist die Verständigungszeichen des „äußeren Kunstwerkes" zünden. Ein Regenbogen ist das Kunstwerk; aber der leuchtet nur auf, wenn Sonne da ist!

Wenn also ein Verfahren gefunden wird, das mir durch eine sehr genaue Wiedergabe jener Verständigungszeichen ermöglicht, im Geiste das eigentliche Kunstwerk aufleuchten zu lassen, soll ich da nicht dankbar sein!

Vielleicht meint einer, es müsse doch schlimm werden, wenn auf diese Weise die köstlichsten Kunstwerke bei jedem Spieß und Snob hängen? Aber ich denke, im allgemeinen hängen die Spießer sich keinen Rembrandt hin. Und die Snobs – wenn schon! Rembrandts Schöpfung hängt nicht bei ihnen, und wenn sie die beste Wiedergabe hätten. Ja nicht einmal, wenn das echte Werk von der Wand schaute. Sie hätten nur die stummen Zeichen. Denn das Kunstwerk selbst läßt sich nicht irgendwo aufhängen – genau so wenig, wie man in ihm herumspazieren kann, wenns ein Bau- oder wie man es physisch hört, wenns ein Musikwerk ist –. Das hängt nicht da, wie ein Barometer; oder steht, wie eine Schutzhütte – sondern das leuchtet auf. Aber nur dann, und nur so weit, als der Mensch es zum Aufleuchten bringen kann, der es schaut. Das Kunstwerk ist überhaupt nur in dem magischen Lichtbogen zwischen Künstler und Schauendem, vermittelt durch die Zeichen des äußeren Gebildes.

O, wie ist sie wundervoll, die beglückende Aristokratie des Kunstwerkes! Es gibt doch noch etwas auf unserer verpöbelten Welt, das man nicht kaufen kann! Woran das Geld und die Frechheit überhaupt nicht hinlangen können, die nach allem greifen. Mir klopft das Herz vor Glück, daß es doch noch Geborgenheit gibt, auf dem wüsten Markt unserer Tage. Ein Vornehmes, das nie preisgegeben wird. Sie können die Zeichen kaufen. Aber die bleiben ihnen stumm. Doch es geht einer vorbei an den alten Villen, Wunderwerken, in denen Menschen- und Naturschönheit in eins gewachsen sind, und das Herz blutet ihm, weil er das wüste Protzenvolk drin hausen sieht, und er geht draußen, und weiß sich doch als den Erben! Aber siehe da, es geht ein Leuchten von den Steinen her! Die Treppen steigen auf und nieder, die Räume beginnen zu schwingen, und jedes Gesimse klingt. Sitzt ihr nur in den Steinen – das edle Gebild hat doch dem gehört, der nun heimgeht. All die Seele ist ihm voll ...

Der Segen Jakobs von Rembrandt

Ein Brief

[1930]

Lieber Freund,

Mir ist's heute eigen gegangen in der Rembrandt-Ausstellung der Akademie. Oder ist es nicht etwas Seltsames, wenn man seit langem mit dem Kunstwerk lebt, und auf einmal das Geheimnis seines Wesens neu fühlt? Ich stand vor Rembrandts Jakobssegen. Da ist ein Geschehnis, bis in abgründige Tiefe hinabgeschichtet. Gewaltig ist es, wenn auch sich vollendend in der leisen Gebärde einer Greisenhand. Aber dieses Geschehen gleitet nicht vorbei, unwiederbringlich, sondern es steht. Immerfort streckt sich aus die segnende Hand ... Immerfort strömt, aus dem göttlichen Dahinten her, durch ihre leise Gebärde die Kraft, und wirkt Geschichte in der Zeit, Auserwählung und Verwerfung ... Geschehnis in ruhig-bleibender Gegenwärtigkeit versammelt ... Wie wenn aus dem Brunnen der Strahl springt. Er strömt, und doch steht sein Bogen dauernd im Raum ...

Ich kam von der Photographie zu dem Bilde, und war überrascht von der lichten Körperlosigkeit seiner Farbe. Die Umgebung, in der es hing, wirkte noch dazu: Auf der einen Seite die Vision Daniels aus dem Kaiser-Friedrich-Museum mit ihrem dunklen Leuchten; auf der Wand daneben das unbegreifliche Zauberwerk der Braunschweiger Familie. So war erst eine leise Enttäuschung zu überwinden. Dann aber empfand ich die lichte Durchgeistigung dieser Farben.

Merkwürdig, wie aufgelöst das Bild aufs erste erscheint! Und doch hütet man sich, ein Urteil zu fällen, denn man fühle eine geheime Form.

Jakob hat sich auf seinem Bett aufgerichtet, von Josefs Hand umfaßt und gehalten. Wunderbar der weiche, weiße Stoff des Ärmels, des warmen Wamses, der die gewaltigen, nun frierenden Glieder des Greises umhüllt; wunderbar das leichte Fell, das ihm über die Schulter hängt! Die Augen sind erloschen. Sie schauen ins Irgendwo. Nur das Innere hinter diesem Gesichte sieht; des Mannes, der mit dem Engel rang; des letzten der Patriarchen; jener Großen, in denen die gewaltige Nähe des Gottesumganges war und zugleich die Nähe zur Erde, der starke Sinn für die Wirklichkeit der Welt. Vor ihm seine beiden Enkel, Manasse und Ephraim. Links der Erstgeborene, rechts der Zweite. Dunkel jener, blond der andere. Jakob soll zuerst den Erstgeborenen segnen. Der erste Segen aber bedeutet die Übertragung des Fürstentums in der Sippe und der geheimnisvollen Erbfolge auf den Messias hin. Der Greis aber richtet die Hand auf das Haupt des Jüngeren, und der, ganz gesammelt, mit über der Brust gekreuzten Händen, licht wie ein kleines Engelwesen, hebt sich in den Segen der Hand. Manasse weiß nicht, wie ihm geschieht; er duckt sich ins Dunkel und sieht nach dem hellen Bruder ...

Oben, senkrecht über seinem Kopfe, noch etwas über dem Vater, blickt Josef herab. Ein blühendes Jünglingsgesicht, möchte man sagen. Man weiß nicht recht, wie man ihn „Vater“ nennen soll; zumal neben seiner Gattin Asneth, der Ägypterin, die viel älter ist als er. Wie sanfte Pfirsiche sind seine Wangen ... Er sieht die Hand des Vaters den falschen Weg gehen; so sucht er sie sacht herzuholen, über das Haupt des Erstgeborenen. Er begreift noch nicht. Er lächelt, jugendlich nachsichtig: „Vater sieht ja nicht mehr! ... Vater ist ein wenig kindisch! ...“ Er weiß nicht, daß da Schicksal geschieht, Verwerfung und Auserwählung. Im Buch der Genesis, im achtundvierzigsten Kapitel heißt es: „Als Josef sah, daß sein Vater seine Rechte auf Ephraims Haupt legte, mißfiel ihm das, und er ergriff seines Vaters Hand; um sie von Ephraims Haupt weg auf das Haupt Manasses zu legen. Und als Josef das sah, da sprach er zu seinem Vater: Nicht so, mein Vater! Dieser ist doch der Erstgeborene; lege deine Hände auf sein Haupt. Sein Vater aber weigerte sich und sprach: Ich weiß es wohl, mein Sohn; ich weiß es wohl. Auch er soll zu einem Volk, auch er soll mächtig werden. Aber sein jüngerer Bruder soll mächtiger werden als er ... Und er stellte Ephraim vor Manasse.“

Schicksal aus dem Geheimnis Gottes geht hier aus der Regung der greisen Hände hervor. Im nächsten Augenblick wird Josef nicht mehr lächeln ...

Erschütternd aber ist die Gestalt der Asneth. Sie steht nicht in den lichten Rot-Farben der größeren Gruppe. Wohl noch ihr Haupt; ihre Gestalt aber in einem erloschenen Grau-Violett, und die Hände sind seltsam fahl. Es ist, als ob sie gar nicht in dem Geschehnis darinnen stünde. Die großen dunklen Augen sind blicklos. Sie sieht nicht; sie fühlt nur. Ihr Herz ist wie unter einem Bann. Sie ist die Mutter, und steht doch daneben, und begreift nicht. Sie ist ja eine Ägypterin! Aber es sind doch ihre Kinder, deren Schicksal da entschieden wird. Was tut der Gott dieses Volkes mit ihnen? Was bedeutet diese Umkehrung des Erstgeburtsrechtes, an dem doch die Ordnung hängt? Sie fühlt, wie ihre Kinder hinübergenommen werden in das Schicksal jener Welt, der sie von Blut fremd ist.

Von da aus erschloß sich dem Blick die unerhörte innere Gestalt dieses Bildes:

Im Innersten, gleichsam in der tiefsten Schicht steht der Patriarch, der Seher. „Hinter" seiner Seele, hineinströmend in sie, und aus ihr, durch Arm und Hand, in den Knaben, wirkt göttliche Zuweisung. Ihr sich entgegenhebend, gesammelt in innerstes Erfaßtsein, das lichte Kind.

Schreckhaft prallt der Kopf des Bruders ins Dunkel zurück. Und bereits fühlt man die Möglichkeit des Hasses.

Vom Kopf Manasses geht die Linie hinauf zu Josef, der mit seinem Erstgeborenen fühlt, aber ebensowenig versteht, wie der. Beide in einer ganz anderen Schicht, als der Greis und das erwählte Kind.

Asneth aber, rechts davon, einsam aufragend, mit ihrer Seele das ganze Begebnis da umfassend, ohne es durchdringen zu können. Älter als ihr Gatte; wissender als er. Sie ist der eigentliche Gegenpart des Greises. Sie kann nicht begreifen, was da geschieht; aber das Herz sagt ihr, daß es etwas Schweres ist. Sie ist abgetrennt in irgendeinem Sinne; und doch wieder dazugehörig mit ihrem Tiefsten, ihrer Liebe, ihren Kindern ...

Quellennachweis

Über das Wesen des Kunstwerks

Zuletzt in: Guardini, Romano: Wurzeln eines großen Lebenswerkes. Band 3, Mainz: Grünewald, Paderborn: Schöningh, 2002, S. 336–359 (=Romano Guardini Werke); erw. Fassung eines Vortrags von 1947; zuerst als Monographie, Tübingen: Wunderlich, 1948; 9. Aufl. 1965

Kunst und Absicht

Zuletzt in: Guardini, Romano: Wurzeln eines großen Lebenswerkes. Band 3, Mainz: Grünewald, Paderborn: Schöningh, 2002, S. 317–319 (=Romano Guardini Werke); zuerst in: Staatssekretariat für das französisch besetzte Gebiet Württembergs und Hohenzollerns (Hrsg.): Almanach zu den Kunstwochen Tübingen – Reutlingen, Tübingen u. Stuttgart: Wunderlich, 1946, S. 35–38

Abschied von der Tübinger Kunstausstellung

Zuletzt in: Guardini, Romano: Wurzeln eines großen Lebenswerkes. Band 3, Mainz: Grünewald, Paderborn: Schöningh, 2002, S. 329–335 (= Romano Guardini Werke); zuerst in: Frankfurter Hefte, 2, 1947, S. 701–705; auch in: Studentische Blätter, 1947

Abstrakte Kunst philosophisch gesehen
Gutachten für die Entschädigungsklage eines abstrakten Künstlers gegen den Staat X

Zuletzt in: Guardini, Romano: Wurzeln eines großen Lebenswerkes. Band 4, Mainz: Grünewald, Paderborn:

Schöningh, 2003, S. 259–267 (= Romano Guardini Werke); zuerst in: Neue Deutsche Hefte. Beiträge zur europäischen Gegenwart. Gütersloh 27, 1956, S. 184–189

Kultbild und Andachtsbild
Brief an einen Kunsthistoriker

Zuletzt in: Guardini, Romano: Wurzeln eines großen Lebenswerkes. Band 3, Mainz: Grünewald, Paderborn: Schöningh, 2002, S. 135–149 (= Romano Guardini Werke); zuerst in: Die Schildgenossen, 16, 1937, S. 162–170; dann in: Schwarz, Rudolf (Hrsg.): Gottesdienst. Ein Zeitbuch, Würzburg, 1937; dann als Monographie, Würzburg 1939; 2. Aufl. 1952

Das religiöse Bild und der unsichtbare Gott

Zuletzt in: Guardini, Romano: Wurzeln eines großen Lebenswerkes. Band 4, Mainz: Grünewald, Paderborn: Schöningh, 2003, S. 293–309 (= Romano Guardini Werke); zuerst in: Arte liturgica in Germania. 1945–1955. Deutsche Ausgabe, Roma: Palazzo Pontificio Lateranense, München: Schnell und Steiner, 1956, S. 13–25; dann in: Die Sinne und die religiöse Erkenntnis. Drei Versuche, 2. erw. Aufl., Würzburg: Werkbund, 1958, S. 71–91

Der Mensch und der Gedanke Gottes

Zuletzt in: Guardini, Romano: Der Sonntag, gestern, heute und immer, Mainz: Grünewald, 3. Taschenbuchaufl., 2000, S. 92–94 (Topos plus Taschenbuch 364). Nachschrift einer Predigt in der Theatinerkirche zu München anl. des Künstlerkongresses im Rahmen des Eucharistischen Weltkongresses in München 1960; zuerst in: Münchener Katholische Kirchenzeitung, 1960; dann in: Das Münster. Zeitschrift für christliche Kunst und Kunstwissenschaft, 13,

1960, S. 344; dann in: Kirchenbau heute, Würzburg, 1962, S. 7–8 (= Arena Bild Taschenbuch 5)

Das Bild der Gottesmutter in der Burgkapelle zu Rothenfels
Eine Ansprache

Zuletzt in: Guardini, Romano: Wurzeln eines großen Lebenswerkes. Band 2, Mainz: Grünewald, Paderborn: Schöningh, 2001, S. 396–400 (= Romano Guardini Werke); zuerst in: Die Schildgenossen, 9, 1929, S. 1–3; dann in: Verein der Quickbornfreunde e.V. (Hrsg.): Burg Rothenfels. 1919–1929, Burg Rothenfels am Main: Selbstverlag, 1929, S. 23–27

Rembrandts lächelndes Altersbildnis

Zuletzt in: Guardini, Romano: Wurzeln eines großen Lebenswerkes. Band 2, Mainz: Grünewald, Paderborn: Schöningh, 2001, S. 198–202 (Romano Guardini Werke); dann in: Die Schildgenossen, 5, 1924, S. 97–100

Der Segen Jakobs von Rembrandt
Ein Brief

Zuletzt in: Guardini, Romano: Wurzeln eines großen Lebenswerkes. Band 3, Mainz: Grünewald, Paderborn: Schöningh, 2002, S. 50–53 (=Romano Guardini Werke); zuerst in: Die Schildgenossen, 10, 1930, S. 333–334